Victor HUGO
LES MISÉRABLES

Fantine

Adaptation en français facile
par P. de BEAUMONT

HACHETTE
26, rue des Fossés-Saint-Jacques 75005 Paris

CARTE D'IDENTITÉ

Titre	*Fantine*
Auteur	*Victor Hugo*
Série	*Récits*
Age des lecteurs	*11 à 20 ans et adultes*
Nombre de mots	*Environ 1 000*

● Fantine *est écrit en français facile. Pour le lire,* il faut savoir les 1 000 mots les plus employés de la langue française. *Les rares mots difficiles utilisés dans ce livre sont expliqués très simplement en bas de page.*

EXEMPLE :
Un cric : sert à soulever des choses lourdes.
D'avance : avant de commencer.

● *Si vous ne connaissez pas une expression, si une phrase ne vous semble pas claire,* regardez à la fin du livre, « Qui cherche trouve ». *Cherchez, et très vite il n'y aura plus de difficultés pour vous.*

● *Enfin, la lecture de* Fantine *vous sera plus utile si vous prenez la peine de répondre aux questions de* « Pour apprendre à mieux lire » *p. 77.*

Les photographies reproduites dans ce livre sont extraites du film
« Les Misérables »
et ont été obligeamment communiquées par Consortium Pathé.

Couverture : maquette de Gilles Vuillemard
Photo : affiche par J. Chéret 1886
I.N.R.P. coll. Historiques J.-C. Charmet

© Hachette   ISBN 2.01.016384.2

La littérature française du XIXe siècle est dominée par la grande figure de Victor Hugo, né en 1802, mort en 1885.

Ce poète a écrit aussi des romans. Dans Les Misérables, le plus connu de tous, il se présente en défenseur des faibles, des vaincus, des opprimés. La puissance d'évocation du style est incomparable et certaines pages sont parmi les plus belles qui aient été écrites.

La plupart du temps les phrases sont très simples, mais la vaste épopée populaire et moralisatrice que l'auteur a voulu composer fait appel à des connaissances si variées, ou si complexes, que les petits Français ne peuvent la lire avec fruit avant de longues années d'études et trop rares sont les étrangers qui parviennent à la goûter.

Aussi avons-nous conservé ce qu'il y avait de plus simple, le plus souvent de plus beau, retranché ce qu'il y avait de plus difficile, et nous sommes arrivés à un texte aux formes et aux structures faciles, qui essaie de respecter le rythme de la langue de l'auteur. Quant au vocabulaire, pour trois volumes de quatre-vingts pages chacun, il ne doit pas dépasser de beaucoup douze cents mots clefs et deux cents dérivés de ces mots.

Aux lecteurs de dire si nous avons réalisé notre propos : donner, pour séduire, le plus beau texte, le plus tôt possible, au plus grand nombre.

Pierre de BEAUMONT

1. M. MYRIEL

En 1815, M. Charles-François-Bienvenu Myriel est évêque[1] de Digne[2] depuis 1806. C'est un homme de soixante-quinze ans.

Il est arrivé à Digne avec Mlle Baptistine, sa sœur. Cette vieille fille a dix ans de moins que lui. C'est une personne longue, mince, douce. Elle n'a jamais été jolie. Elle a de grands yeux toujours baissés. Mme Magloire, leur servante, a le même âge que Mlle Baptistine. C'est une petite vieille, blanche, grasse, toujours en mouvement, qui respire mal.

Pour un malade, pour un mourant, les familles n'ont pas besoin de demander M. Myriel. Il arrive de lui-même. Il sait s'asseoir et se taire de longues heures près de l'homme qui a perdu la femme qu'il aime, de la mère qui a perdu son enfant. Comme il sait le moment de se taire, il sait aussi le moment de parler. Croire est bon. Il le sait et à l'homme désespéré il montre les étoiles.

C'est une fête partout où il paraît. Il arrive et on l'aime. Il parle aux petits garçons et aux petites filles.

1. Il y a des agents et des ministres, des soldats et des généraux, des prêtres et des évêques. — 2. Digne est une ville du Sud de la France sur la route de Toulon à Paris.

Il sourit aux mères. Il va chez les pauvres tant qu'il a de l'argent. Quand il n'en a plus, il va chez les riches. Il leur prend tout ce qu'ils peuvent donner. Les uns viennent chercher ce que les autres ont laissé. L'évêque est le père de tous les malheureux. De grosses sommes passent par ses mains. Tout est donné, avant d'être reçu. C'est comme de l'eau sur une terre sèche.

De tous les biens de sa famille, il reste à l'évêque six couteaux, fourchettes, cuillers, assiettes et deux chandeliers d'argent. Mme Magloire les regarde briller tous les jours avec plaisir sur la grosse nappe blanche. Pour montrer l'évêque de Digne tel qu'il est, ajoutons qu'il lui arrive souvent de dire : « Cela me gênerait de ne plus manger dans de l'argenterie. »

La maison n'a pas une porte qui ferme à clef. La porte de la salle à manger qui donne sur la place de l'église était autrefois fermée. L'évêque a fait enlever la serrure et maintenant le premier passant venu peut entrer en poussant la porte.

2. LE SOIR D'UN JOUR DE MARCHE

Dans les premiers jours du mois d'octobre, une heure avant le coucher du soleil, un homme qui voyage à pied entre dans la petite ville de Digne. Les rares habitants, qui se trouvent en ce moment à leurs fenêtres ou devant la porte de leurs maisons, regardent ce voyageur avec attention. Il est difficile de rencontrer passant d'un air plus misérable. C'est un homme fort, ni grand ni petit. Il peut avoir quarante-six à quarante-huit ans. Un chapeau cache en partie son visage brûlé par le soleil, le vent et la pluie. Sa chemise de grosse toile jaune laisse voir les grands poils de sa poitrine. Il a une cravate qui ressemble à une corde. Son pantalon de couleur bleue est usé, blanc à un genou, troué à l'autre. Sa blouse est vieille, grise, usée elle aussi. Il porte un sac plein et tout neuf sur le dos. Il tient un gros bâton à la main. Les pieds sont sans bas dans de gros souliers. Sa barbe est longue.

Personne ne le connaît. Ce n'est qu'un passant. D'où vient-il? Des bords de la mer peut-être, car il entre dans Digne par le sud... Cet homme a dû marcher tout le jour. Il paraît très fatigué. Des femmes l'ont vu s'arrêter sous les arbres de la rue Gassendi et boire. Il a bien soif, car il boit encore deux cents pas plus loin.

3. ATTENTION!

Ce soir-là, M. l'évêque de Digne, après sa promenade en ville, est resté assez tard dans sa chambre. Il travaille encore à huit heures, un gros livre sur les genoux, quand Mme Magloire entre, comme d'habitude, pour prendre l'argenterie dans l'armoire près du lit. Un moment après, l'évêque sent que le dîner est prêt et que sa sœur l'attend peut-être. Il ferme son livre, se lève de sa table et entre dans la salle à manger.

La salle à manger est une pièce longue avec porte sur la rue, et fenêtre sur le jardin. Une lampe est sur la table. La table est près de la cheminée. Un assez bon feu est allumé.

Les deux femmes parlent au moment où l'évêque entre. Mme Magloire a peur de cette porte d'entrée que l'on ne peut pas fermer. En allant faire quelques provisions pour le dîner, elle a entendu dire des choses : Un homme dangereux est arrivé en ville. Jacquin Labarre, l'hôtelier, n'a pas voulu le recevoir. Il tournait dans les rues à la tombée de la nuit. Sa figure était terrible. « Vraiment ? » dit l'évêque.

Mme Magloire continue comme si elle n'entendait pas. « Cette maison-ci n'est pas sûre. La porte ne ferme pas et Monseigneur a l'habitude de toujours dire d'entrer, même au milieu de la nuit. »

En ce moment, on frappe à la porte un coup assez fort. « Entrez », dit l'évêque.

4. SAVOIR OBÉIR

La porte s'ouvre.... Elle s'ouvre, toute grande, poussée avec force. Un homme entre. Cet homme, nous le connaissons déjà. C'est le voyageur que nous avons vu tout à l'heure arriver à Digne.

Il entre, fait un pas, et s'arrête, laissant la porte ouverte derrière lui. Il a son sac sur l'épaule, son bâton à la main, l'air fatigué et décidé à la fois. Le feu de la cheminée l'éclaire.

Mme Magloire n'a pas même la force de jeter un cri. Elle reste la bouche ouverte. Mlle Baptistine se retourne, aperçoit l'homme qui entre, se lève à demi, puis elle regarde son frère. Son visage redevient doux.

L'évêque regarde l'homme d'un œil tranquille. Il ouvre la bouche, sans doute pour demander au nouveau venu ce qu'il désire. Au même moment, cet homme pose ses deux mains à la fois sur son bâton, promène son regard tour à tour sur le vieil homme et les femmes et dit d'une voix forte :

« Voici. Je m'appelle Jean Valjean. J'ai passé dix-neuf ans en prison. Je suis libre depuis quatre jours et je vais à Pontarlier. Aujourd'hui, j'ai fait trente-six kilomètres. Ce soir, en arrivant dans ce pays, j'ai été dans un hôtel; on m'a renvoyé. J'ai été à un autre hôtel; on m'a dit : « Va-t'en! » Personne n'a voulu de moi. J'ai été à la prison. On ne m'a pas ouvert. J'ai voulu coucher sur la paille d'un chien. Le chien m'a mordu et m'a chassé comme s'il était un homme. On dirait qu'il savait qui j'étais. Je suis allé dans les champs. Il n'y avait pas d'étoile. J'ai pensé qu'il pleuvrait et qu'il n'y aurait pas de bon Dieu pour empêcher de pleuvoir. Je suis rentré dans la ville pour coucher le long d'une porte. Une bonne femme m'a montré votre maison, et m'a dit : « Frappe là. » J'ai frappé. Qu'est-ce que c'est ici? Etes-vous un hôtel? J'ai de l'argent. Cent neuf francs. Je les ai gagnés en prison par mon travail, en dix-neuf ans. Je paierai. Qu'est-ce que cela me fait? Je suis très fatigué. J'ai faim. Voulez-vous que je reste?

— Madame Magloire, dit l'évêque, vous mettrez une assiette de plus. »

L'homme fait trois pas vers la lampe sur la table. « Tenez, répond-il comme s'il n'a pas bien compris, ce n'est pas ça. Avez-vous entendu? Je suis un ancien prisonnier. Je sors de prison. » Il tire de sa poche une grande feuille de papier. « Voilà mon permis de voyage.

Je dois le montrer dans toutes les mairies des villes où je m'arrête. Cela sert à me faire chasser de partout où je vais. Voulez-vous lire? Tenez, voilà ce qui est écrit : « Jean Valjean, libre, né à... est resté dix-neuf ans prisonnier. Cinq ans pour vol. Quatorze ans pour avoir essayé de se sauver quatre fois. Cet homme est très dangereux. » Voilà. Tout le monde m'a jeté dehors. Voulez-vous me recevoir, vous? Est-ce un hôtel? Voulez-vous me donner à manger et à coucher?

— Madame Magloire, dit l'évêque, vous mettrez des draps blancs au lit de la chambre d'amis. » Puis, il se tourne vers l'homme. « Monsieur, asseyez-vous et chauffez-vous, dit-il. Nous allons bientôt dîner. On fera votre lit pendant ce temps.

« Vous pouviez ne pas me dire qui vous étiez, reprend l'évêque. Ce n'est pas ici ma maison, c'est la maison de Jésus-Christ. Cette porte ne demande pas à celui qui entre s'il a un nom, mais s'il a un malheur. Vous souffrez! Vous avez faim et soif! Soyez le bienvenu. Et ne me remerciez pas, ne me dites pas que je vous reçois chez moi. Je vous le dis à vous qui passez, vous êtes ici chez vous plus que moi-même. Tout ce qui est ici est à vous. Qu'ai-je besoin de savoir votre nom? D'ailleurs, vous en avez un que je savais déjà. — Vrai? Vous saviez comment je m'appelle? — Oui, répond l'évêque, vous vous appelez mon frère. »

Pendant qu'ils parlent, Mme Magloire a servi le souper. Une soupe faite avec de l'eau, de l'huile, du pain et du sel, un morceau de viande de mouton, un fromage frais, des fruits et un gros pain noir. Elle a ajouté d'elle-même une bouteille de vin vieux.

Le visage de l'évêque devient tout à coup gai. « A

table! » dit-il. Comme il en a l'habitude avec un étranger, il fait asseoir l'homme à sa droite. Mlle Baptistine prend place à sa gauche. L'évêque dit une prière, puis sert lui-même la soupe comme il le fait chaque jour. L'homme se met à manger.

Tout à coup l'évêque s'écrie : « Mais il me semble qu'il manque quelque chose sur cette table. » Mme Magloire comprend. Elle va chercher les six couteaux, fourchettes et cuillers d'argent, les deux chandeliers, et elle les place comme d'habitude devant les trois personnes en train de dîner.

5. L'HOMME S'ENDORT TOUT HABILLÉ

Après avoir dit bonsoir à sa sœur, Monseigneur Myriel prend sur la table un des chandeliers d'argent, remet l'autre à l'homme et lui dit : « Monsieur, je vais vous conduire à votre chambre. » L'homme le suit. Au moment où ils traversent la chambre de l'évêque, Mme Magloire range l'argenterie dans l'armoire près du lit. C'est la dernière chose qu'elle fait chaque soir avant d'aller se coucher.

L'évêque fait entrer l'homme. Il pose le chandelier sur une petite table. Un lit frais et blanc attend. « Allons, dit-il, passez une bonne nuit. Demain matin, avant de partir, vous boirez une tasse de lait tout chaud.

— Merci, monsieur », répond l'homme.

Puis tout à coup quelque chose se passe en celui-ci. Il se tourne vers l'évêque, le regarde avec haine et dit d'une voix dure :

« Ah! çà, vraiment, vous osez me loger chez vous près de vous, comme cela! »

Il rit et ajoute :

« Avez-vous pensé à ce que vous faites? Qui vous dit que je n'ai pas tué, que je ne vais pas recommencer? »

L'évêque répond :

« Cela regarde le bon Dieu. »

Et lentement, en remuant les lèvres comme quelqu'un qui prie, il lève la main droite et fait le signe de la croix au-dessus de la tête de l'homme. Puis, sans regarder derrière lui, il sort de la chambre.

Un moment après, il est dans son jardin, marchant, rêvant, priant, l'âme et la pensée toutes à ces grandes choses que Dieu montre la nuit aux yeux qui restent ouverts.

L'homme, lui, est très fatigué. Il n'a même pas la force d'entrer dans les bons draps blancs. Il éteint la lampe et se laisse tomber tout habillé sur le lit où il s'endort tout de suite profondément.

Minuit sonne quand l'évêque rentre de son jardin dans sa chambre. Quelques minutes après, tout dort dans la petite maison.

6. QUI EST JEAN VALJEAN?

Tout jeune, Jean Valjean a perdu sa mère et son père. Sa mère est morte d'une fièvre mal soignée. Son père s'est tué en tombant d'un arbre. Il est resté seulement à Jean Valjean une sœur plus âgée que lui, avec ses enfants. Cette sœur élève Jean Valjean. A la mort de son mari, Jean le remplace. Il a alors vingt-quatre ans et les enfants de sa sœur ont de huit à un ans.

Il gagne quelque argent à couper des arbres, puis comme moissonneur. Sa sœur travaille de son côté, mais que faire avec sept petits enfants? Le malheur vient sur eux. Un hiver plus froid que les autres, Jean reste sans travail. La famille n'a pas de pain et il y a sept enfants.

Un dimanche soir, Maubert Isabeau, boulanger sur la place de l'Église à Faverolles, va se coucher quand il entend en bas un coup dans la vitre de sa boutique. Il arrive à temps pour voir un bras passer à travers un trou fait d'un coup de poing. Le bras prend un pain et l'emporte. Isabeau sort vite et arrête le voleur. Celui-ci a jeté le pain, mais il a encore le bras en sang. C'est Jean Valjean.

Cela se passe en 1795. Jean Valjean est condamné à cinq ans de prison.... Le 22 avril 1796, une grande chaîne est formée[1]. Jean Valjean fait partie de cette chaîne. Il est assis à terre comme tous les autres. Il paraît ne rien comprendre à ce qui lui arrive. Pendant qu'on attache la chaîne à grands coups de marteau derrière sa tête, il pleure et ne sait que répéter : « Je suis un ouvrier de Faverolles. »

Jean Valjean part pour Toulon. Il y arrive après un voyage de vingt-sept jours, la chaîne au cou. A Toulon, il est habillé d'une veste rouge. Tout s'efface de ce qui a été sa vie, jusqu'à son nom; il n'est même plus Jean Valjean, il est le numéro 24601. Que devient la sœur? Que deviennent les sept enfants?

1. Les prisonniers étaient alors attachés les uns aux autres.

7. QUE S'EST-IL PASSÉ DANS CETTE AME?

Jean Valjean commence par se juger lui-même. Ce pain qu'il a volé, il pouvait le demander ou attendre. On peut souffrir longtemps et beaucoup sans mourir, mais il est rare qu'on meure de faim. Il a eu tort et il reconnaît sa faute.

Puis il se demande s'il est le seul qui ait tort dans cette triste histoire? N'est-ce pas une chose mauvaise que, lui, travailleur, ait manqué de travail, manqué de pain? Après la faute, la punition n'a-t-elle pas été trop forte? Les hommes lui ont fait du mal. Ils l'ont touché seulement pour le blesser. Jean Valjean croit que la vie est une guerre et que dans cette guerre il a perdu.

Cela est triste à dire; après avoir jugé les hommes qui ont fait son malheur, il juge celui qui a fait les hommes. Il le condamne aussi.

Nous ne devons pas oublier d'écrire qu'il est le plus fort de tous les prisonniers. Il lève et peut porter de très grands poids. Ses camarades entre eux l'appellent Jean le Cric[1].

Il est aussi adroit qu'il est fort; passer d'un étage à un autre comme un chat est aussi pour lui un jeu. Il n'a besoin pour monter que d'un coin de mur, de ses mains, de ses pieds, de ses coudes et de ses genoux.

Jean Valjean, à sa sortie de prison, n'est plus le jeune homme qui pleurait. Il peut maintenant faire le mal pour le plaisir de rendre celui qu'on lui a fait. Il peut

1. Un cric sert à soulever des choses lourdes.

surtout le faire par haine[1] de toute loi et de tout être vivant, même contre les bons et les justes, s'il y en a. Jean Valjean, c'est vrai, est « un homme très dangereux ».

8. LE PARDON

Le lendemain, au soleil levant, Monseigneur Myriel se promène dans son jardin. Mme Magloire court vers lui. « Monseigneur, Monseigneur, crie-t-elle, savez-vous où est le panier d'argenterie? — Oui, dit l'évêque. — Dieu est bon! répond-elle. Je ne savais pas ce qu'il était devenu. »

L'évêque vient de ramasser le panier dans l'herbe. Il le présente à Mme Magloire. « Le voilà. — Eh bien? dit-elle. Rien dedans! Et l'argenterie? — Ah! répond l'évêque. C'est donc l'argenterie qui vous occupe. Je ne sais pas où elle est. — Grand bon Dieu! Elle est volée. C'est l'homme d'hier soir qui l'a volée.... »

L'évêque reste silencieux un moment, puis il dit à Madame Magloire avec douceur : « Et d'abord, cette argenterie était-elle à nous? » Madame Magloire reste muette. Il y a encore un silence, puis l'évêque continue : « Mme Magloire, j'avais depuis longtemps cette argenterie. Elle devait aller aux pauvres. Qui était cet homme? Un pauvre, c'est sûr. » A ce moment on frappe à la porte. « Entrez », dit l'évêque... La porte s'ouvre. Un

---

1. Avoir de la haine, c'est vouloir faire du mal à quelqu'un.

groupe apparaît. Trois hommes en tiennent un qua-
trième. Les trois hommes sont des gendarmes; l'autre
est Jean Valjean.

Monseigneur Myriel s'avance vers lui aussi vite que son
grand âge le lui permet. « Ah! vous voilà! s'écrie-t-il en
regardant Jean Valjean. Je suis bien content de vous
voir. Eh bien, mais! je vous ai donné les chandeliers
aussi, qui sont en argent comme le reste et qui valent
aussi deux cents francs. Pourquoi ne les avez-vous pas
emportés avec les cuillers et les fourchettes? » Jean
Valjean regarde l'évêque sans comprendre.

« Monseigneur, dit le chef des gendarmes, ce que cet
homme dit est donc vrai? Il passait. Nous l'avons arrêté
pour voir. Il avait cette argenterie....

— Et il vous a dit qu'elle lui a été donnée par un vieux
prêtre, dans une maison où il a passé la nuit? Et vous
l'avez ramené ici? Vous vous êtes trompés.

— Alors, répond le gendarme, nous pouvons le laisser
aller?

— Sans doute », répond l'évêque.

Les gendarmes laissent aller Jean Valjean qui recule.
« Est-ce que c'est vrai qu'on me laisse? dit-il d'une
voix sourde et comme s'il parlait dans le sommeil. —
Oui, on te laisse, tu n'entends donc pas? dit un gendarme. — Mon ami, reprend l'évêque, avant de vous
en aller, voici vos chandeliers. Prenez-les. » Et il les
apporte lui-même à Jean Valjean.

Celui-ci les prend. Il a l'air de ne pas comprendre
encore ce qui lui arrive. Il est comme un homme qui va
tomber. L'évêque vient à lui, et dit à voix basse : « Maintenant allez en paix, mais n'oubliez jamais que vous
devez employer cet argent à devenir un homme bon. »

9. UNE MÈRE QUI EN RENCONTRE UNE AUTRE

Il y avait entre 1800 et 1823, à Montfermeil, près de Paris, une sorte d'hôtel pauvre, tenu alors par des gens appelés Thénardier, mari et femme.

Devant cet hôtel, un soir de printemps de 1818, une très grosse voiture, faite pour tirer des arbres, est arrêtée. Dessous, des chaînes pendent, et, sur l'une d'elles, sont assises et groupées, ce soir-là, deux petites filles, l'une d'environ deux ans et demi, l'autre de dix-huit mois, la plus petite dans les bras de la plus grande. Un mouchoir adroitement mis les empêche de tomber. Une mère a vu cette chaîne et a dit : « Tiens ! voilà un jouet pour mes enfants. »

Les deux enfants, bien habillées, ont l'air heureuses. Leurs yeux brillent. Leurs fraîches joues rient. L'une est très brune, l'autre l'est moins. Leurs visages sont gais. Celle de dix-huit mois montre son gentil ventre. A quelques pas, assise à l'entrée de l'hôtel, la mère tire sur la chaîne avec une ficelle. Les petites filles rient. Le soleil couchant les éclaire.

Tout en tirant sur la ficelle, la mère chante. Sa chanson et ses deux petites filles l'empêchent d'entendre et de voir ce qui se passe dans la rue. Cependant quelqu'un est arrivé près d'elle et tout à coup elle entend une voix qui lui dit : « Vous avez là deux jolies enfants, madame. »

Une femme est à quelques pas. Cette femme, elle aussi, a un enfant qu'elle porte dans ses bras. Elle tient

en plus un assez gros sac qui semble très lourd. L'enfant de cette femme est un des plus beaux qu'on puisse voir. C'est une fille de deux à trois ans. Elle est joliment habillée. Elle porte du linge fin. Le pli de sa jupe laisse voir une petite jambe blanche et forte. Elle est rose. Ses joues ont l'air de pommes. Elle dort, comme on dort dans les bras d'une mère, profondément.

La mère, elle, a l'air pauvre et triste. Elle ressemble à une ouvrière qui redevient paysanne. Elle est jeune. Elle a été belle, mais il n'y paraît pas. Ses cheveux blonds semblent très épais, mais disparaissent sous un mouchoir, laid, serré, qui passe sous le menton. Ses yeux ne semblent pas être secs depuis bien longtemps. Elle doit être très fatiguée et un peu malade. Elle regarde sa fille endormie dans ses bras avec amour. Elle a les mains brunes et les doigts durcis par le travail et l'aiguille. Sa robe est de toile. Elle porte de gros souliers. Cette femme qui s'appelle Fantine répète : « Vous avez là deux jolies enfants, madame. »

La mère lève la tête, remercie et fait asseoir la passante sur le banc près de la porte. Les deux femmes parlent. « Je m'appelle Mme Thénardier, dit alors la mère des deux petites filles. Nous tenons cet hôtel. »

Cette Mme Thénardier est une femme sèche, toute en os. Elle est jeune encore, elle a à peine trente ans. Debout, avec ses épaules d'homme et son air dur, elle ferait peur. Mais la voyageuse la voit assise. Une personne qui est assise au lieu d'être debout et voilà une vie changée !

La voyageuse raconte son histoire : elle est ouvrière; son mari est mort; le travail manque à Paris; elle a quitté Paris le matin même; elle portait son enfant et elle s'est sentie fatiguée.

Les deux femmes continuent de parler : « Comment s'appelle votre enfant ? — Cosette. — Quel âge a-t-elle ? — Elle va avoir trois ans. — C'est comme ma première fille. »

Cependant les trois petites filles se groupent; une petite bête vient de sortir de terre; et elles ont peur, et elles sont intéressées en même temps. Leurs fronts heureux se touchent. « Les enfants, s'écrie la mère Thénardier, se connaissent tout de suite ! On dirait trois sœurs ! » La nouvelle venue prend alors la main de la Thénardier, la regarde dans les yeux et dit : « Voyez-vous, je ne peux pas emmener ma fille dans mon village. Le travail ne le permet pas. Voulez-vous

me garder mon enfant? — Je ne sais pas, dit la Thénardier[1]. — Je donnerai six francs par mois. »

Alors une voix d'homme crie au fond de l'hôtel :
« Pas à moins de sept francs. Et six mois payés d'avance[2].
— Je les donnerai, dit la mère. J'ai quatre-vingts francs.
Il me restera de quoi aller à mon village à pied. Je
gagnerai de l'argent là-bas, et quand j'en aurai un peu, je
reviendrai chercher la petite. »

Le marché est passé. La mère couche la nuit à l'hôtel,
donne son argent et laisse son enfant.

Quand la mère de Cosette est partie, l'homme dit
à la femme : « Cela va m'aider à payer demain les cent
dix francs que je dois. Il m'en manquait cinquante.
Sans toi et les petites, j'allais en prison. Ah! tu es adroite. »

10. DEUX LAIDES FIGURES

Qui sont les Thénardier?... Ni de bons ouvriers, ni
des gens intelligents. On ne peut être sûr de gens pa-
reils, ni de ce qu'ils ont fait, ni de ce qu'ils feront.

Ce Thénardier raconte qu'il a été soldat, qu'il a
fait la guerre en 1815 et qu'il a sauvé un colonel.
Mme Thénardier, elle, lit des livres d'amour bêtes et
elle a appelé ses deux filles Eponine et Azelma.

Leur hôtel marche mal et, le deuxième mois, la femme
porte à Paris le linge et les vêtements de Cosette. Elle

1. La femme Thénardier. Voir plus loin « le » Thénardier, « la »
Fantine. — 2. Avant de commencer.

reçoit soixante francs et habille l'enfant, qui n'a plus de linge ni de vêtements, avec les vieilles jupes et les vieilles chemises des petites Thénardier. On lui donne à manger les restes de tout le monde, un peu mieux que le chien, un peu plus mal que le chat.

Comme on le verra plus tard, la mère, qui a trouvé du travail à Montreuil-sur-Mer, écrit, ou pour mieux dire, fait écrire tous les mois pour avoir des nouvelles de son enfant. Les Thénardier répondent chaque fois : « Cosette va très bien. »

Les six premiers mois passés, la mère envoie sept francs pour le septième mois, et continue ses envois de mois en mois. L'année n'est pas finie que le Thénardier dit : « Nous n'avons pas assez avec sept francs. » Et il en demande dix. La mère croit que son enfant est heureuse et envoie les dix francs.

Certaines femmes ne peuvent aimer d'un côté sans haïr de l'autre. La mère Thénardier aime ses deux filles et va haïr l'étrangère. Voilà où peut conduire l'amour d'une mère! Cosette tient bien peu de place. Pourtant cette mère trouve que c'est encore une place prise à ses filles et Cosette ne fait pas un mouvement sans recevoir des coups.

La Thénardier étant méchante pour Cosette, Eponine et Azelma, ses filles, sont méchantes aussi. Les enfants, à cet âge, sont ce que sont leurs parents, en plus petit.

Une année passe, puis une autre. On dit dans le village : « Ces Thénardier sont de braves gens. Ils ne sont pas riches et cependant ils élèvent une pauvre enfant qu'on a laissée chez eux! » On croit Cosette oubliée par sa mère.

Peu à peu l'enfant devient la servante de la maison.
On lui fait balayer les chambres, la cour, la rue, laver
les assiettes, porter les paquets. La mère, restée à Montreuil-sur-Mer, commence à mal payer. Cosette, si
jolie et si fraîche à son arrivée dans cette maison, est
maintenant maigre et jaune. Elle a toujours l'air d'avoir
peur.

11. MONSIEUR MADELEINE

Cette mère, qui, pour les gens de Montfermeil, semble
avoir oublié son enfant, que devient-elle, que fait-elle?
Après avoir laissé sa petite Cosette aux Thénardier,
elle a continué son chemin et elle est arrivée à Montreuil-
sur-Mer. Cette ville a bien changé depuis une dizaine
d'années. Vers la fin de 1815, un homme, un inconnu,
est venu et en moins de trois ans il est devenu riche et
il a rendu tout le monde riche. Par lui, Montreuil est
devenue une ville d'affaires qui commerce jusqu'à
Londres, Madrid et Berlin. Le père Madeleine gagne
beaucoup d'argent et la deuxième année il construit une
grande usine. Ceux qui ont faim peuvent s'y présenter.
Ils sont sûrs de trouver là du travail.
On ne sait rien du passé de cet homme. On raconte
qu'il est venu dans la ville avec peu d'argent, quelques
centaines de francs au plus, et qu'il avait les vêtements
et la façon de parler d'un ouvrier. Il paraît que, le jour
où il a fait son entrée dans la petite ville, le sac au dos et le
bâton à la main, le feu a pris à la mairie. Il s'est jeté
dans le feu; il a sauvé les deux enfants d'un gendarme,
et on n'a pas pensé à lui demander d'explications.
Depuis on a su son nom. Il s'appelle le père Madeleine.

C'est un homme d'environ cinquante ans, qui a l'air sérieux et qui est bon. Voilà tout ce qu'on peut dire.

En 1820, cinq ans après son arrivée à Montreuil-sur-Mer, le roi le nomme maire de la ville. Il refuse; mais on le prie tant qu'il doit dire oui. C'est une vieille femme du peuple qui l'a décidé. Elle lui a crié : « Un bon maire, c'est utile. Est-ce qu'on recule devant le bien qu'on peut faire? »

Le père Madeleine était devenu M. Madeleine. M. Madeleine devient M. le maire.... Il reste aussi simple que le premier jour. Il a les cheveux gris, l'œil sérieux, la peau dure de l'ouvrier. Il porte habituellement un grand chapeau et une longue veste de drap. Il remplit ses devoirs de maire; mais en dehors de la mairie, il vit seul. Il parle à peu de monde, salue de loin, sourit, s'en va vite.

Il n'est plus jeune, mais on dit qu'il a une force étonnante. Il aide qui en a besoin, relève un cheval, pousse une roue, arrête par les cornes une bête qui se sauve. Il a toujours sa poche pleine de monnaie en sortant, et vide en rentrant. Quand il passe dans un village, les enfants courent joyeusement vers lui et l'entourent.

Il fait beaucoup de bonnes choses en se cachant comme on se cache pour les mauvaises. Il est aimable et triste. Le peuple dit : « Voilà un riche qui n'a pas l'air content. »

Quelques-uns racontent qu'on n'entre jamais dans sa chambre où il y a seulement un lit de fer, une chaise et une table de bois blanc. Pour d'autres, il a de grandes sommes chez Laffitte et il a demandé qu'il puisse toujours les emporter en quelques minutes. En fait, ses millions sont seulement six cent trente ou quarante mille francs.

12. JAVERT

Comme tous les hommes qui réussissent, M. Madeleine n'est d'abord pas aimé; mais il arrive un moment où ce mot, « M. le maire » , est dit à Montreuil-sur-Mer comme cet autre mot, « Monseigneur l'évêque », était dit à Digne en 1813. On vient de quarante kilomètres lui demander conseil.

Un seul homme, dans le pays, refuse son amitié à M. Madeleine. Souvent, quand ce dernier passe dans une rue, entouré de ses amis, un homme grand, portant une veste grise, armé d'un bâton, se retourne et le suit des yeux. Il remue lentement la tête et pense : « Mais qu'est-ce que c'est que cet homme-là? Sûrement je l'ai vu. Il ne me trompe pas. »

Cet homme se nomme Javert, et il est de la police.

Javert a un gros nez plat, deux trous dans le nez, autour, sur les joues, beaucoup de poils. Quand il rit, ce qui est rare et terrible, ses lèvres minces s'ouvrent et laissent voir toutes ses dents, sa peau fait des plis autour du nez et il a l'air d'une bête.

Il est sérieux, rêveur et triste. Son regard est un couteau. Cela est froid et entre. Il travaille jour et nuit. Il est policier comme on est prêtre. Pour lui, un agent du gouvernement, aussi petit qu'il soit, ne peut se tromper et rien de bon ne peut sortir de quelqu'un qui a fait la faute la plus légère. Malheur à qui tombe sous sa main! Il arrêterait son père ou sa mère et avec joie.

On ne voit pas son front qui disparaît sous son chapeau, on ne voit pas ses yeux qui se perdent sous de longs poils, on ne voit pas son menton sous sa cravate, on ne voit pas ses mains qui rentrent dans ses manches, on ne voit pas le bâton qu'il porte d'habitude sous la veste. Il est couleur de mur. Mais, tout à coup, sortent de l'ombre un front étroit, un regard d'ennemi, un menton méchant, de grosses mains et un gros bâton, c'est Javert.

Javert est comme un œil planté sur M. Madeleine. Celui-ci finit par s'en apercevoir, mais il semble qu'il s'en moque. Il porte, sans paraître y faire attention, ce regard gênant et presque lourd. Il est bon avec cet homme comme il est bon avec tout le monde.

13. LE PÈRE FAUCHELEVENT

M. Madeleine passe un matin dans une petite rue de Montreuil-sur-Mer. Il entend un bruit et voit un groupe. Il y va. Un vieil homme, nommé le père Fauchelevent, vient de tomber sous sa voiture. Le cheval est lui aussi à terre.

Le cheval a les deux jambes cassées et ne peut pas se relever. Le vieil homme est pris entre les roues. Toute la voiture pèse sur sa poitrine et elle est lourdement chargée. Le père Fauchelevent pousse des cris. On essaie de le tirer. Impossible. Une aide ou un effort maladroit peuvent le tuer. Pour le sauver, il faut soulever la voiture par-dessous. Javert, qui était là au moment de l'accident, a envoyé chercher un cric. M. Madeleine

arrive. On lui fait place avec respect. « A l'aide ! » crie
le vieux Fauchelevent. M. Madeleine se tourne vers
les hommes qui l'entourent. « A-t-on un cric ? — On est
allé en chercher un, répond un paysan, mais il faudra
un bon quart d'heure pour l'amener. — Un quart
d'heure ! s'écrie M. Madeleine. Il est impossible d'attendre un quart d'heure. Il y a encore assez de place sous
la voiture pour qu'un homme passe et la soulève avec
son dos. Une demi-minute seulement et on tirera le
pauvre homme. Quelqu'un veut-il gagner cinq pièces
d'or ? » Personne ne remue. « Dix pièces d'or », dit Madeleine. Les hommes baissent les yeux. Un d'eux dit à
voix basse : « On peut se faire écraser ! — Allons, recommence Madeleine, vingt pièces d'or ! » Même silence.

« Ils voudraient bien », dit une voix. Madeleine se retourne et reconnaît Javert. Il ne l'a pas aperçu en arrivant. Javert continue : « Mais la force leur manque. Il faudrait être terriblement fort pour lever une voiture aussi lourde sur son dos. » Il s'arrête, puis reprend en regardant M. Madeleine et en pesant chaque mot : « Monsieur Madeleine, j'ai connu un seul homme qui pouvait faire ce que vous demandez là. » Sans quitter Madeleine des yeux, il ajoute : « C'était un prisonnier. — Ah! dit Madeleine. — De Toulon. »

Cependant la voiture continue d'entrer dans le sol lentement. Madeleine regarde autour de lui et dit : « Personne ne veut donc gagner vingt pièces d'or et sauver la vie à ce pauvre vieux? » Aucun des hommes ne remue. Javert reprend : « Je vous l'ai dit, un seul homme pouvait remplacer un cric. C'était ce prisonnier. »

Madeleine lève la tête, rencontre l'œil d'oiseau de Javert, regarde les paysans et sourit tristement. Puis, sans dire une parole, il tombe à genoux, et se couche sous la voiture.

Il y a un moment de silence. Madeleine couché, sous le poids terrible, essaie deux fois de lever la voiture. Autour, les hommes respirent avec peine. Les roues continuent d'entrer en terre. Madeleine va être écrasé à son tour.

Tout à coup on voit la lourde voiture se soulever lentement, les roues sortir à demi de terre. On entend une voix qui crie : « Dépêchez-vous! aidez! » C'est Madeleine qui vient de faire un dernier effort.

Tous les hommes se jettent sur les roues. La voiture est enlevée par vingt bras. Le vieux Fauchelevent est sauvé.

Madeleine se relève. Ses habits sont déchirés et couverts de terre. Tous pleurent. Le vieil homme lui embrasse les genoux et l'appelle le bon Dieu.

Lui, a sur le visage je ne sais quel air de peine heureuse, et il regarde tranquillement Javert.

Fauchelevent a une jambe cassée. Le père Madeleine le fait porter à l'infirmerie qu'il a fait construire pour ses ouvriers. Le lendemain matin, le vieil homme trouve mille francs sur la table près de son lit, avec ce mot du père Madeleine : « Je vous achète votre voiture et votre cheval. » La voiture est cassée et le cheval est mort.

Fauchelevent guérit, mais son genou reste malade. M. Madeleine fait placer le bonhomme comme jardinier dans le quartier Saint-Antoine à Paris.

14. LA DESCENTE

Tous les gens de Montreuil-sur-Mer sont heureux et riches. Il y a du travail pour tous. Quand elle revient, Fantine ne connaît plus personne. Mais elle se présente à l'usine de M. Madeleine et on l'emploie dans l'atelier des femmes.

Elle ne connaît pas son nouveau métier; elle ne peut pas y être bien adroite; elle reçoit donc peu d'argent; mais enfin, elle gagne sa vie.

Un an plus tard, Fantine perd sa place. Elle croit que c'est la faute de M. Madeleine et elle le hait. Celui-ci pourtant n'en a rien su. Elle se met à coudre de grosses chemises pour les soldats et gagne seulement douze sous par jour. Des mois passent. Elle n'arrive plus à payer les Thénardier.

Avoir sa petite fille avec elle serait un grand bonheur. Elle pense à la faire venir. Mais pour quoi! Pour lui faire partager sa misère? Et puis, elle doit de l'argent aux Thénardier! comment payer? Et le voyage! Comment payer encore?

Trop de travail fatigue. Fantine tousse de plus en plus. Elle dit quelquefois à sa voisine : « Regardez comme mes mains sont chaudes. »

Fantine passe des nuits à pleurer et à tousser. Elle ne se plaint pas. Elle coud dix-sept heures par jour. Mais le chef de la prison oblige les prisonniers à travailler pour presque rien et fait baisser les prix. On ne paie plus les ouvrières que neuf sous. Dix-sept heures de travail, et neuf sous par jour!

Vers le même temps, le Thénardier lui écrit qu'il a attendu avec trop de bonté, et qu'il lui faut cent francs tout de suite, sinon il va mettre à la porte la petite Cosette, sortant de maladie, par le froid; elle deviendra ce qu'elle pourra; elle mourra si elle veut.

15. AU BUREAU DE POLICE

Il y a dans toutes les petites villes, et il y a à Montreuil-sur-Mer, des jeunes gens qui se croient des gens intelligents, qui chassent, fument, boivent, sentent le tabac, jouent, regardent les voyageurs passer et ne travaillent pas. Ce sont tout simplement des gens qui ne savent pas quoi faire.

Vers les premiers jours de janvier 1823, un soir où

il a neigé, un de ces jeunes gens s'en prend à une pauvre
femme près d'un café. Chaque fois que cette femme
passe devant lui, il lui jette de la fumée au visage et lui
dit quelque chose : « Que tu es laide! — Veux-tu te
cacher! — Tes cheveux sont sales », etc. Le jeune homme
s'appelle M. Bamatabois. La femme, qui va et vient sur
la neige, ne lui répond pas, ne le regarde même pas.
L'homme quand elle tourne le dos s'avance derrière
elle, se baisse, prend de la neige et la lui met dans le
dos. La femme crie, se tourne, se jette sur l'homme.
C'est la Fantine.

Des hommes sortent du café et entourent cet homme
et cette femme qui se battent. L'homme a son chapeau
à terre. La femme frappe des pieds et des poings.

Tout à coup, un homme grand prend la femme par
le bras et lui dit : « Suis-moi! » La femme lève la tête.
Sa voix s'éteint. Ses yeux deviennent blancs. Elle reconnaît Javert. M. Bamatabois disparaît.

Javert se met à marcher à grands pas vers le bureau
de police. Il tient maintenant la misérable par la main.
Elle se laisse emmener. Ni lui ni elle ne parlent. Les
gens suivent en riant.

Le bureau de police est une salle basse chauffée
par un poêle. Javert ouvre la porte, entre avec Fantine,
et referme la porte derrière lui. Fantine va tomber dans
un coin comme une chienne qui a peur. Javert s'assied,
tire de sa poche une feuille de papier et se met à écrire.
Quand il a fini, il signe, plie le papier et dit au policier
de service : « Prenez trois hommes, et conduisez cette
fille en prison. » Puis, se tournant vers Fantine : « Tu en
as pour six mois. — Six mois! six mois de prison! crie
la malheureuse. Six mois à gagner sept sous par jour!

Mais que deviendra Cosette? Ma fille! ma fille! Mais je dois encore plus de cent francs aux Thénardier, monsieur, savez-vous cela? »

Elle vient à genoux sur le sol au-devant de tous ces hommes, sans se lever, les mains tendues. « Monsieur Javert, dit-elle, je n'ai pas eu tort, comprenez. C'est ce monsieur que je ne connais pas qui m'a mis de la neige dans le dos. J'ai eu froid. Je suis un peu malade, voyez-vous! »

Elle continue, cassée en deux, aveuglée par les larmes, toussant d'une toux sèche et courte.... Par moments elle s'arrête et embrasse le pied du policier; mais que peut-on contre un cœur de bois?

« Allons! dit Javert, je t'ai écoutée. As-tu bien tout dit? Marche maintenant! Tu en as pour six mois! Personne, même Dieu, ne peut plus changer quelque chose. »

Elle prie encore.... Javert tourne le dos. Les soldats la prennent par les bras.

Depuis quelques minutes, un homme est entré. Il a refermé la porte, et a entendu les prières désespérées de la Fantine. Au moment où les soldats mettent la main sur la malheureuse, qui ne veut pas se lever, il fait un pas, sort de l'ombre et dit : « Un moment, s'il vous plaît! »

Javert lève les yeux et reconnaît M. Madeleine. Il ôte son chapeau, il salue : « Pardon, monsieur le maire.... » Ce mot, M. le maire, frappe la Fantine. Elle se lève, repousse les soldats des deux bras, marche droit à M. Madeleine et, le regardant avec des yeux fous, elle crie : « Ah! c'est toi, toi qui es M. le maire! » Puis elle se met à rire et elle lui crache au visage.

M. Madeleine s'essuie le visage et dit : « Javert, mettez cette femme en liberté. » Javert croit qu'il devient fou. Voir cracher au visage d'un maire est une chose terrible. La pensée et la parole lui manquent à la fois. Il reste muet.

La Fantine n'est pas moins étonnée. Elle regarde tout autour d'elle, et elle se met à parler à voix basse, comme si elle se parlait à elle-même :

« En liberté! libre! me laisser! ne pas aller en prison six mois! Qui est-ce qui a dit cela? Ce n'est pas possible. J'ai mal entendu. Est-ce que c'est vous, mon bon monsieur Javert, qui avez dit qu'on me mette en liberté! Oh! voyez-vous! Je vais vous expliquer et vous me laisserez aller : ce maire, c'est lui qui est cause de tout. Il m'a chassée, monsieur Javert. Alors je n'ai rien gagné et tout le malheur est venu. »

La Fantine s'adresse alors aux soldats : « Les enfants, monsieur Javert a dit qu'on me laisse partir, je m'en vais. » Elle avance vers la porte. Un pas de plus, elle est dans la rue. Javert retrouve la parole. Il crie : « Gendarmes, vous ne voyez pas que cette femme s'en va! Qui est-ce qui a dit de la laisser aller? — Moi », dit Madeleine.

A ce « moi » le policier se tourne vers le maire, et froid, les lèvres bleues, le regard désespéré, il dit, l'œil baissé : « Monsieur le maire, cela ne se peut pas. — Javert, répond M. Madeleine, je ne refuse pas de m'expliquer avec vous. Voici la vérité : Je passais sur la place au moment où vous emmeniez cette femme. J'ai tout appris. C'est l'homme qui a eu tort, et qui devrait être arrêté. »

Javert répond : « Cette misérable a craché sur monsieur le maire. — Ceci me regarde, dit Madeleine. J'ai entendu cette femme. Je sais ce que je fais. — Et moi, monsieur le maire, je ne sais pas ce que je vois. — Alors obéissez. — J'obéis à mon devoir. Mon devoir est d'envoyer cette femme en prison six mois. »

Madeleine répond avec douceur. « Écoutez ceci. Elle n'en fera pas un jour. »

A cette parole Javert ose regarder le maire dans les yeux et lui dit, mais toujours avec respect : « Je ne peux pas obéir à monsieur le maire. C'est la première fois de ma vie. Je suis le maître ici. C'est un fait de police de la rue qui me regarde, et je retiens la femme Fantine. »

Alors, M. Madeleine dit avec une voix que personne dans la ville n'a encore entendue : « C'est un fait de police de la ville. Je donne ordre que cette femme soit mise en liberté. — Mais, monsieur le maire.... — Je vous rappelle la loi du 13 décembre 1799. Vous êtes dans votre tort. — Monsieur le maire, permettez.... — Plus un mot. — Pourtant.... — Sortez. »

Javert reçoit le coup, debout, de face, et en pleine poitrine. Il salue M. le maire jusqu'à terre et sort. Fantine le regarde passer devant elle. Elle ne comprend pas encore ce qui lui arrive. Ce M. Madeleine qui la défend, est-ce cet homme qu'elle hait ? S'est-elle donc trompée ? Elle sent naître dans son cœur quelque chose de chaud qui est de la joie et de l'amour. Puis elle perd connaissance.

16. COMMENCEMENT DU REPOS

M. Madeleine fait porter Fantine à l'infirmerie dans sa propre usine. Les religieuses la mettent au lit. Une fièvre brûlante la prend.

Javert, dans cette nuit même, écrit une lettre. Il remet cette lettre le lendemain matin au bureau de poste de Montreuil-sur-Mer. Elle est adressée à « M. Chabouillet, directeur à la police. Paris. »

L'affaire du bureau de police se sait déjà et la directrice de la poste et quelques autres personnes qui voient la lettre reconnaissent l'écriture de Javert sur l'enveloppe et pensent qu'il demande à quitter la ville.

M. Madeleine, lui, écrit tout de suite aux Thénardier. Fantine leur doit cent vingt francs. Il leur envoie trois cents francs, en leur disant de se payer sur cette somme, et d'amener tout de suite l'enfant à Montreuil-sur-Mer où sa mère malade l'attend.

Cela fait perdre la tête à Thénardier. « Gardons l'enfant! dit-il à sa femme. Elle va nous rapporter beaucoup d'argent. » Cependant Fantine ne va pas mieux. Elle est toujours à l'infirmerie. M. Madeleine va la voir deux fois par jour, et chaque fois elle lui demande : « Verrai-je bientôt ma Cosette? — Peut-être demain matin. Je l'attends d'un moment à l'autre. — Oh! comme je vais être heureuse! » Mais la fièvre monte. Le médecin est appelé.... M. Madeleine lui dit : « Eh bien? — N'a-t-elle pas un enfant qu'elle aimerait voir? dit le médecin. — Oui. — Dépêchez-vous de le faire venir. »

Le Thénardier cependant garde l'enfant et donne cent mauvaises raisons. Cosette est un peu malade. Elle ne peut pas partir l'hiver. Et puis on doit encore un peu d'argent pour. elle, etc. « J'enverrai quelqu'un chercher Cosette, dit le père Madeleine. S'il le faut, j'irai moi-même. » Et il fait signer à Fantine cette lettre : « Monsieur Thénardier, vous remettrez Cosette à la personne. On vous paiera toutes les petites choses. Je vous salue poliment. Fantine. »

A ce moment il arrive quelque chose de très sérieux.

17. CHAMPMATHIEU ET JEAN VALJEAN

M. Madeleine pense aller lui-même à Montfermeil. Un matin à la mairie il est occupé à préparer son départ quand on vient lui dire que Javert demande à lui parler.

M. le maire pose sa plume et se tourne à demi : « Eh bien, qu'est-ce ? Qu'y a-t-il, Javert ? » Javert reste un moment silencieux, puis répond : « Il y a, monsieur le maire, qu'un simple agent a manqué de respect à un maire. Je viens, comme c'est mon devoir, rappeler le fait. — Quel est cet agent ? demande M. Madeleine. — Moi, dit Javert. — Vous ? »

M. Madeleine se lève. Javert continue, les yeux toujours baissés : « Monsieur le maire, je viens vous prier de vouloir bien demander mon renvoi. »

Javert ajoute : « Monsieur le maire, il y a six semaines, après cette histoire pour Fantine, j'étais en colère, j'ai écrit une lettre contre vous. — Contre moi ! Et à qui ? — A la police, à Paris. »

M. Madeleine, qui ne rit pas beaucoup plus souvent que Javert, se met à rire. « Comme maire ayant donné des ordres à un policier ? — Comme ancien prisonnier. » Le maire devient blanc. Javert, qui n'a pas levé les yeux, continue : « Je l'ai cru longtemps. J'avais demandé à Faverolles. Et puis votre force des reins, la voiture du vieux Fauchelevent, votre adresse... Enfin je vous croyais un nommé Jean Valjean.

— Un nommé ?... Comment dites-vous ce nom-là ?

— Jean Valjean. C'est un prisonnier que j'ai connu il y a vingt ans quand j'étais chef de la prison de Toulon. En sortant de prison, ce Jean Valjean, dit-on, a volé chez un évêque, puis il a volé encore un enfant. Mais on l'a retrouvé. »

La feuille que tient M. Madeleine tombe de ses mains. Il regarde Javert et dit d'une curieuse façon : « Ah ! »

Javert continue : « Voilà, monsieur le maire. Dernièrement, cet automne, un nommé Champmathieu est arrêté pour vol de pommes. Il a encore la branche de pommier à la main. On n'a pas de place à la prison qui est en réparation. On l'envoie à Arras. Il y a là un ancien prisonnier, Brevet, qui s'écrie : « Eh mais ! je connais cet homme-là. Il a été à la prison de Toulon. Il y a vingt ans. Nous y étions ensemble. Il s'appelle Jean Valjean. »

« Le Champmathieu dit encore que non.... On cherche et voilà ce qu'on trouve : ce Champmathieu, il y a une trentaine d'années, a été coupeur d'arbres dans plusieurs régions, à Faverolles entre autres. Là, on ne sait plus ce qu'il devient. Ces gens-là, quand ce n'est pas de la terre, c'est de la poussière. On demande à Toulon. Avec Brevet, il y a encore deux prisonniers qui ont connu Jean Valjean. Ce sont les condamnés à vie Cochepaille et Chenildieu. On les fait venir. Pour eux, comme pour Brevet, Champmathieu c'est Jean Valjean.

« C'est à ce moment-là que j'écris contre vous à Paris. On me répond que je ne sais pas ce que je dis et que Jean Valjean est en prison à Arras. J'écris à Arras. On me fait venir, on m'amène à Champmathieu. — Eh bien ? » coupe M. Madeleine. Javert répond avec son

visage droit et triste : « Monsieur le maire, la vérité
est la vérité. C'est cet homme-là qui est Jean Valjean.
Moi aussi je l'ai reconnu. »

M. Madeleine reprend d'une voix très basse : « Vous
êtes sûr ? » Javert se met à rire, de ce rire de l'homme
qui n'a pas de doute : « Oh ! bien sûr. Et même, maintenant, je ne comprends pas comment j'ai pu croire
autre chose. Je vous demande pardon, monsieur le maire. »

M. Madeleine répond par cette question : « Et que dit
cet homme ? — Ah ! dame ! monsieur le maire, l'affaire est
mauvaise. Sauter un mur, casser une branche, prendre
des pommes, pour un enfant ce n'est pas important.
Pour quelqu'un qui a déjà été condamné, c'est très
sérieux. Ce n'est plus quelques jours de prison, c'est
la condamnation à vie. Et puis, il y a l'affaire de l'enfant.

J'espère bien qu'elle reviendra. Oh! un autre que Jean Valjean se défendrait; mais pas lui. Lui, il fait semblant de ne pas comprendre. Il dit : « Je suis Champmathieu, je ne sors pas de là! » Oh! cet homme est intelligent. Mais il n'y a rien à faire. Il est reconnu par quatre personnes; il sera condamné. Je vais à Arras. »

M. Madeleine s'est rassis à son bureau, a repris ses papiers. Il les regarde tranquillement, lisant et écrivant tour à tour comme un homme très occupé. Il se tourne vers Javert. « Assez, Javert. Tout ce que vous dites m'intéresse peu. Nous perdons notre temps, et nous avons des affaires pressées. Demain, vous irez.... — Mais je croyais avoir dit à monsieur le maire que l'affaire se jugeait demain et que je partais cette nuit. »

M. Madeleine fait un léger mouvement. « Et pour combien de temps? — Un jour au plus. Le jugement aura lieu au plus tard demain dans la nuit. Je reviendrai tout de suite ici. — C'est bon », dit Madeleine.

18. MAITRE SCAUFFLAIRE

Dans l'après-midi qui suit, M. Madeleine va voir Fantine. Celle-ci l'attend comme chaque jour. Elle a beaucoup de fièvre. Elle lui demande : « Et Cosette? » Il répond en souriant : « Bientôt. »

Il parle comme d'habitude. Il demande à tout le monde que la malade ne manque de rien. Mais il reste une heure au lieu d'une demi-heure.

Puis il rentre à la mairie et le garçon de bureau

le voit étudier une carte des routes de France qui se trouve près de l'entrée. Il écrit quelques chiffres au crayon sur un papier.

De la mairie, il se rend chez un homme, Maître Scaufflaire, qui loue des chevaux et des voitures. « Maître Scaufflaire, demande-t-il, avez-vous un bon cheval ? — Monsieur le maire, que voulez-vous dire par un bon cheval ? — Je veux dire un cheval qui puisse faire quatre-vingts kilomètres en un jour. — Oh ! quatre-vingts kilomètres ! — Oui. — En tirant une voiture ? — Oui, et il faut qu'il puisse repartir au besoin. — Pour refaire quatre-vingts kilomètres ? — Oui. — Dieu ! quatre-vingts kilomètres. »

M. Madeleine tire de sa poche le papier où il a écrit des chiffres. Il les montre à Scaufflaire. Ce sont 20, 24 et 34. « Voyez, dit-il, 78 kilomètres, autant dire quatre-vingts. — Monsieur le maire, répond le commerçant, j'ai votre affaire. Mon petit cheval blanc. Vous avez dû le voir passer quelquefois. C'est une petite bête, mais pleine de feu. On veut d'abord le monter. Bah ! il jette tout le monde par terre. On ne sait qu'en faire. Je l'achète. Je le mets à la voiture. Monsieur, c'est cela qu'il voulait. Il est doux comme une fille et il court aussi vite que le vent. Ah ! par exemple, il ne faudrait pas lui monter sur le dos. Ce n'est pas son idée. — Et il fera la course ? — Vos quatre-vingts kilomètres sans s'arrêter et en moins de huit heures. Mais voici comment : premièrement, vous le ferez reposer une heure à moitié chemin. — On le fera reposer. — Deuxièmement, il me faudra trente francs par jour, les jours de repos payés. Pas un sou de moins, et monsieur le maire paiera tout ce que le cheval mangera. »

M. Madeleine tire trois pièces d'or de sa poche et les met sur la table : « Voilà deux jours d'avance ». — Troisièmement, pour une course pareille, il faudra que monsieur le maire voyage dans une voiture très légère que j'ai. — D'accord. La voiture et le cheval devront être chez moi demain matin », dit M. Madeleine en sortant.

L'homme appelle sa femme et lui raconte la chose. « Où monsieur le maire peut-il aller?

Il va à Paris, dit la femme. — Je ne crois pas », dit le mari.

M. Madeleine a oublié sur la table le papier avec les chiffres. L'homme le prend et l'étudie. « Vingt, vingt-quatre et trente-quatre, cela doit dire trois arrêts. » Il se tourne vers sa femme : « J'ai trouvé. — Comment? — Il y a vingt kilomètres d'ici à Hesdin, vingt-quatre de Hesdin à Saint-Pol, trente-quatre de Saint-Pol à Arras. Il va à Arras. »

Cependant M. Madeleine rentre chez lui. Il éteint sa lumière à huit heures et demie. Vers minuit et demi, un employé de commerce qui habite au-dessous de la chambre de M. Madeleine entend à travers son sommeil un bruit de pas au-dessus de sa tête. Un moment après, on remue un meuble, il y a un silence, et le pas recommence. L'homme s'éveille tout à fait, regarde, et, à travers les vitres de sa fenêtre, il voit une lumière sur le mur d'en face. C'est celle d'un feu plutôt que celle d'une lampe. La fenêtre est ouverte sûrement. Quelle idée! par ce froid! L'homme se rendort. Une heure et demie après, il se réveille encore. Le même pas lent va et vient toujours au-dessus de sa tête. Une lumière brille. Cette fois-ci, c'est celle d'une lampe. La fenêtre est toujours ouverte.

19. ORAGE DANS UNE TÊTE

M. Madeleine est Jean Valjean. Après sa dernière rencontre avec Monseigneur Myriel, il a disparu, il a vendu l'argenterie de l'évêque, il est allé de ville en ville, il a traversé la France, il est arrivé à Montreuil-sur-Mer, il a eu l'idée que nous avons dite, il a fait ce que nous avons raconté et il vit dans les seules pensées de cacher son nom et de revenir à Dieu.

Mais, depuis que Javert est venu lui parler, quel orage en lui! Il pourrait dire une seule chose; c'est qu'il vient de recevoir un grand coup. Rentré dans sa chambre, il ferme sa porte à clef. Il éteint sa lumière.

Il met la tête dans ses mains et pense : « Où en suis-je? — Est-ce que je ne rêve pas? — Que m'a-t-on dit? — Est-il bien vrai que j'ai vu ce Javert et qu'il m'ait parlé ainsi? — Qui peut être ce Champmathieu? — Il me ressemble donc. — Est-ce possible? — Quand je pense qu'hier j'étais si tranquille. — Qu'est-ce que je faisais donc hier à pareille heure? — Qu'arrivera-t-il? — Que faire? »

Sa tête est brûlante. Il va à la fenêtre et l'ouvre toute grande. Il n'y a pas d'étoiles au ciel. Il revient s'asseoir près de la table. La première heure s'écoule ainsi. Puis il lui semble qu'il vient de s'éveiller.

Il rallume sa lampe.... « Eh bien quoi! se dit-il, de quoi est-ce que j'ai peur? Me voilà sauvé. Tout est fini. Ce Javert qui me suivait partout, le voilà occupé ailleurs. Il tient son Jean Valjean! Et je n'y suis pour rien! Après tout, s'il y a du malheur pour quelqu'un, ce n'est pas ma faute. Qu'est-ce qu'il me faut donc? Personne ne pourra plus rien contre moi. C'est Dieu qui le veut. Et pourquoi Dieu le veut-il? Pour que je continue ce que j'ai commencé, pour que je fasse le bien. C'est décidé, laissons aller les choses! Laissons faire le bon Dieu! »

Il se parle ainsi en lui-même à lui-même. Puis il se lève de sa chaise et se met à marcher dans la chambre. « Allons, dit-il, n'y pensons plus. C'est décidé! » Mais il ne se sent aucune joie. Au contraire.

Au bout d'un moment, il a beau faire, il reprend cette sombre discussion. C'est lui qui parle et lui qui écoute. Il dit ce qu'il voudrait taire. Il écoute ce qu'il ne voudrait pas entendre. Fermer la porte à son passé? Mais il ne la ferme pas, grand Dieu, il la rouvre en se conduisant mal! il redevient un voleur. Il vole à un autre sa paix, sa place au soleil! Il l'envoie en prison pour la vie! Au contraire, sauver cet homme, redevenir par devoir Jean Valjean, c'est vraiment fermer à jamais le passé derrière lui.

« Eh bien, dit-il, décidons-nous! faisons notre devoir! sauvons cet homme! » Il dit ces mots à haute voix, sans s'apercevoir qu'il parle tout haut. Il met ses livres en ordre. Il écrit une lettre. Quelqu'un qui entrerait alors dans la chambre pourrait lire sur l'enveloppe : « A M. Laffitte, rue d'Artois, à Paris. »

Il prend l'argent qu'il a chez lui et son passeport. Par moments ses lèvres remuent. Dans d'autres il relève la tête et regarde sans voir quelque point du mur. Il met la lettre de M. Laffitte dans sa poche, ainsi que l'argent et le passeport, et il recommence à marcher. Il a froid. Il allume un peu de feu. Il ne pense pas à fermer la fenêtre. Cependant, minuit sonne et il doit faire un effort pour se rappeler ce qu'il fait là debout entre un feu et une fenêtre ouverte.

Tout à coup il pense à Fantine et tout change autour de lui, en lui. Il s'écrie : « Ah! çà, mais! jusqu'ici j'ai pensé seulement à moi. Dois-je me taire ou parler? Cacher mon corps ou sauver mon âme? C'est moi, toujours moi, c'est seulement moi! Si je pensais un peu aux autres? Voyons. Moi effacé, moi oublié, qu'arrivera-t-il? — Champmathieu est libre, je suis prisonnier, c'est bien. Et puis? Que se passe-t-il ici? Ah! ici, il y a un pays, une ville, des usines, des ouvriers, des hommes, des femmes, des vieux, des enfants, de pauvres gens! J'ai fait vivre tout cela. Avant moi il n'y avait rien que des pauvres. J'ai relevé, enrichi tout le pays. Moi de moins et tout meurt. — Et cette femme, cette Fantine? Et cet enfant que je voulais aller chercher, que j'ai promis à la mère! Est-ce que je ne dois pas aussi quelque chose à cette femme pour le mal que je lui ai fait sans le savoir? Si je disparais, la mère meurt, l'enfant devient ce qu'il peut. Voilà ce qui se passe si je parle. — Si je ne parle pas? Voyons, si je ne parle pas? »

Après s'être fait cette question, il s'arrête, il a comme un moment où la tête lui tourne; mais bien vite il se reprend et se répond : « Eh bien, cet homme va en prison, pour la vie, c'est vrai, et puis après! Il a volé, après tout. Moi je reste ici, je continue. Dans dix ans j'aurai gagné dix millions; je les donne, qu'est-ce que cela me fait? Ce n'est pas pour moi que je travaille? Les familles, cent familles, mille familles sont heureuses. Il naît des villages où il y a seulement des fermes. Il naît des fermes où il n'y a rien. La misère disparaît, et avec la misère disparaissent le vol et tous les maux! Et cette pauvre mère élève son enfant! Et voilà tout un pays riche et heureux! Ah! çà, j'étais fou, qu'est-ce que je parlais de courir à Arras? Et tout ça pour un vieux voleur de pommes, qui, sûrement, a fait bien d'autres fautes! Pour sauver un homme, condamner de pauvres gens, des mères, des femmes, des enfants! Cette pauvre petite Cosette qui est sans doute en ce moment toute bleue de froid chez ces Thénardier! Ah! ceux-là! Et je manquerais à mes devoirs! Pesons bien le tout! »

Il se lève, il se remet à parler. Cette fois il lui semble qu'il est content. « Oui, pense-t-il, je suis dans le vrai. J'ai trouvé ce que je dois faire. Je suis décidé. Laissons faire. Ne reculons plus. Ceci est dans l'intérêt de tous. Je suis Madeleine, je reste Madeleine. Malheur à celui qui est Jean Valjean! Ce n'est plus moi. Je ne connais pas cet homme. S'il se trouve que quelqu'un est Jean Valjean à cette heure, cela ne me regarde pas! »

Il se voit dans la glace qui est sur la cheminée et dit : « Tiens! me décider m'a fait du bien. Je suis tout autre maintenant. » Il marche encore quelques pas, puis il s'arrête. Il lui semble qu'il entend une voix qui crie au dedans de lui : « Jean Valjean! Jean Valjean! Oui! c'est cela, finis! Finis ce que tu fais! Va, c'est bien. Sois content! Reste M. le maire. Continue à être aimé. Enrichis la ville. Élève des enfants. Et pendant ce temps-là, pendant que tu seras ici, heureux, il y aura quelqu'un qui aura la veste rouge des prisonniers, qui portera ton nom, qui tirera ta chaîne en prison! Oui, c'est bien arrangé ainsi! Ah! misérable! »

Alors il reprend la marche qui fait rêver et qui réveille tour à tour l'homme endormi au-dessous de lui. Le

désespoir le prend de tout ce qu'il faudrait quitter, de tout ce qu'il faudrait reprendre. Il n'ira plus se promener dans les champs. Il n'entendra plus chanter les oiseaux au mois de mai. Il ne mettra plus de sourire aux lèvres des enfants. Il quittera cette maison, cette chambre, cette petite chambre où tout lui paraît beau à cette heure. Il ne lira plus dans ses livres. Il n'écrira plus sur cette table en bois blanc! Sa vieille servante ne lui montera plus son café le matin. Grand Dieu! au lieu de cela la veste rouge, la chaîne au pied, la fatigue, les coups, le lit de bois, toutes ces choses terribles qu'il a connues. Si encore il était jeune! Mais, vieux, avoir les pieds nus dans des souliers ferrés!

Faut-il sauver Champmathieu? Faut-il se taire? Il ne voit toujours pas clair en lui.

20. PENDANT LE SOMMEIL

Trois heures du matin viennent de sonner, et il y a cinq heures que M. Madeleine marche ainsi, presque sans arrêt. Enfin il se laisse tomber sur une chaise. Il s'endort.

Il se réveille. Un vent froid fait crier la fenêtre restée ouverte. Le feu s'est éteint. La lampe baisse. Il est encore nuit noire.

Il se lève, il va à la fenêtre. Il n'y a toujours pas d'étoiles au ciel.... De sa fenêtre, on voit la cour de la maison et la rue. Un bruit sec et dur qui sonne tout à coup sur le sol lui fait baisser les yeux.

Un deuxième bruit le réveille tout à fait, il regarde et reconnaît les lumières d'une petite voiture. Le cheval est blanc. Les bruits qu'il a entendus, ce sont les coups de sabots du cheval sur les pierres. « Qu'est-ce que c'est que cette voiture ? se dit-il. Qui est-ce qui vient si tôt ? »

En ce moment on frappe un petit coup à la porte de sa chambre. La peur le prend. Il crie : « Qui est là ? Qu'est-ce que c'est ? — Monsieur le maire, il est cinq heures du matin. — Qu'est-ce que cela me fait ? — Monsieur le maire, c'est la voiture. — Quelle voiture ? — La petite voiture. — Quelle petite voiture ? — Est-ce que monsieur le maire n'a pas fait demander une petite voiture ? — Non, dit-il. — L'homme qui l'amène dit qu'il vient chercher monsieur le maire. — Quel homme ? — L'homme de M. Scaufflaire. — M. Scaufflaire ? »

Ce nom lui fait peur comme si un éclair était passé devant ses yeux. « Ah! oui, répond-il, M. Scaufflaire. » Il se fait un assez long silence. M. Madeleine regarde sans la voir la lumière de sa lampe.... La voix reprend : « Monsieur le maire, que faut-il répondre? — Dites que c'est bien, et que je descends. »

21. BATONS DANS LES ROUES

Cette nuit-là, une voiture des postes accroche, à l'entrée de Montreuil-sur-Mer, une plus petite voiture que tire un cheval blanc. Un homme enveloppé d'un manteau conduit. La roue de la petite voiture reçoit un coup. Le courrier crie à l'homme de s'arrêter, mais le voyageur n'écoute pas, et continue sa route.

Où va M. Madeleine? Il ne peut pas le dire. Pourquoi court-il si vite? Il ne sait pas. Il va droit devant lui. Où? A Arras sans doute; mais il va peut-être ailleurs aussi. Quelque chose le pousse en avant.

Pourquoi va-t-il à Arras? Il se répète ce qu'il s'est déjà dit en allant chez Scaufflaire : il vaut mieux qu'il sache ce qui se passe. On ne peut pas décider sans savoir. Quand il aura vu ce Champmathieu, quelque misérable, il sera peut-être content de le laisser aller en prison à sa place. Il y aura là Javert et ce Brevet, ce Chenildieu, ce Cochepaille, anciens prisonniers qui l'ont connu, mais sûrement qui ne le reconnaîtront pas. Il n'y a aucun danger. Au fond, pour tout dire, il aimerait mieux ne pas aller à Arras. Cependant il y va.

Il est grand jour quand il arrive à Hesdin. Il s'arrête devant un hôtel pour laisser reposer le cheval et lui donner à manger. La bête a fait vingt kilomètres en deux heures. Elle n'est même pas mouillée. Il ne descend pas de la voiture.

Le garçon qui apporte à manger au cheval se baisse tout à coup et regarde la roue gauche. « Allez-vous loin comme cela ? » demande-t-il. Puis il se penche de nouveau, reste un moment silencieux en regardant la roue, se relève et dit : « Voilà une roue qui ne fera pas un kilomètre de plus. — Que dites-vous là, mon ami ? — Je dis que vous avez de la chance de ne pas avoir roulé, vous et votre cheval, dans quelque fossé de la grande route. Regardez plutôt. »

M. Madeleine regarde et voit que l'homme a raison. « Mon ami, dit-il au garçon, y a-t-il quelqu'un ici qui puisse réparer cette roue ? — Sans doute, monsieur. — Rendez-moi le service d'aller le chercher. — Il est là à deux pas. Hé ! maître Bourgaillard ! »

Maître Bourgaillard est sur le devant de sa porte. Il vient regarder la roue. « Pouvez-vous réparer cette roue ? — Oui, monsieur. — Quand pourrai-je repartir ? — Demain. — Il faut que je reparte dans une heure au plus tard. Je paierai tout ce qu'on voudra. — Impossible pour aujourd'hui. Il faut refaire toute une partie de la roue. — Est-ce que vous n'auriez pas une roue à me vendre ? Je pourrais repartir tout de suite. — Je n'ai pas une roue toute faite pour votre voiture. Deux roues ne vont pas ensemble comme on veut. — Alors vendez-moi deux roues. — Monsieur, toutes les roues ne vont pas à toutes les voitures. Je n'ai pas de roue qui aille à cette voiture et il n'y en a pas dans ce petit village. — Y aurait-il une voiture à me louer ou à me vendre? — Je n'en ai pas. — Alors, j'irai à cheval. — Mais ce cheval se laisse-t-il monter? — C'est vrai, vous m'y faites penser. On ne peut pas le monter. Mais je trouverai bien dans le village un cheval à louer?

— Un cheval pour aller à Arras, dans la journée? Il faudrait l'acheter d'abord, car on ne vous connaît pas. Mais à vendre ou à louer, pour cinq cents francs, ou pour mille, vous ne le trouveriez pas! — Y a-t-il un loueur de voitures? — Non. »

M. Madeleine sent une grande joie. Il vient de faire tous les efforts possibles pour continuer son voyage. S'il ne va pas plus loin, ce n'est plus sa faute. C'est celle de Dieu. Il respire. Il respire librement et à pleine poitrine pour la première fois depuis que Javert est venu lui parler.

Si M. Madeleine avait parlé dans la cour de l'hôtel, les choses en seraient restées là; mais à l'entrée d'un hôtel, dans une rue, il y a toujours des gens qui écoutent. Une vieille femme lui dit : « Monsieur, vous voulez louer une voiture.

— Oui. Et il ajoute rapidement : « Mais il n'y en a pas dans le pays. — Si, dit la vieille, chez moi. » La vieille a en effet une sorte de très vieille voiture, mais cette voiture roule sur deux roues et peut aller à Arras. M. Madeleine paie ce qu'on veut, monte et reprend la route qu'il suit depuis le matin.

Il a perdu beaucoup de temps à Hesdin. Le petit cheval est courageux et tire comme deux; mais on est au mois de février, il a plu, les routes sont mauvaises. Et puis ce n'est plus la légère voiture de Scaufflaire. Il faut plus de quatre heures pour aller d'Hesdin à Saint-Pol. Quatre heures pour vingt kilomètres !

A Saint-Pol, il s'arrête au premier hôtel venu, et fait donner à manger au cheval. Une heure après, il quitte Saint-Pol. Il ne s'arrête pas à Tinques. Mais comme il en sort, un ouvrier qui empierre la route lève la tête, regarde le cheval et dit : « Vous ne savez donc pas que la route est en réparation ? Vous allez la trouver coupée à un kilomètre d'ici. — Vraiment ? — Tenez, monsieur, voulez-vous que je vous donne un conseil ? Votre cheval est fatigué, rentrez dans Tinques. Il y a un bon hôtel. Couchez-y. Vous irez demain à Arras. — Il faut que j'y sois ce soir. — Alors, allez tout de même à cet hôtel, prenez un autre cheval et faites-vous montrer le chemin. »

Il suit le conseil qui lui est donné, va à l'hôtel, et, une demi-heure après, repart avec un deuxième cheval.... Il fait tout à fait nuit. Les chemins sont très mauvais. La voiture saute d'un trou dans l'autre. La plaine est sombre. Des brouillards bas et noirs passent sur les bois comme des fumées. Un grand vent qui vient de la mer fait un bruit de meubles remués. M. Madeleine a froid. Il n'a pas mangé depuis la veille.

En ce moment, il se rend compte pour la première fois que toute la peine qu'il prend est peut-être inutile; qu'il ne sait même pas l'heure du jugement; qu'il aurait dû au moins la demander; qu'il est fou d'aller ainsi devant soi sans savoir si cela servira à quelque chose. Les tribunaux ouvrent d'habitude à neuf heures du matin. Il va arriver quand tout sera fini.

22. FANTINE PEUT-ELLE GUÉRIR?

A l'hôpital, Fantine parle à la sœur. Elle dit : « Ma bonne sœur, voyez-vous, je suis très contente. M. Madeleine est bon; il est allé me chercher ma petite Cosette à Montfermeil. Ma sœur, ne me faites pas signe de ne pas parler. Je suis très heureuse. Je vais très bien. Je n'ai plus mal du tout. Je vais revoir Cosette. Il y a cinq ans que je ne l'ai vue. Et puis elle sera si gentille, vous verrez! Elle doit être grande maintenant. Sept ans! C'est une demoiselle maintenant. Mon Dieu! Comme on a tort d'être des années sans voir ses enfants! Oh! Comme il est bon d'être parti, M. le maire. Il sera ici demain, avec Cosette. Je verrai Cosette demain! Vous voyez, ma bonne sœur, je ne suis plus malade. Je danserais, si on voulait. »

Entre sept et huit heures. le médecin vient. Il entre doucement et avance vers le lit. Il voit de grands yeux sombres qui le regardent. « Donnez-moi votre main », dit-il. Elle tend son bras, et s'écrie : « Ah! tiens! c'est vrai, vous ne savez pas! je suis guérie. Cosette arrive demain. » Le médecin s'étonne. Sa malade va mieux. La fièvre est tombée. Une sorte de vie est revenue dans ce corps à bout de force.

Le médecin, en s'en allant, dit à la sœur : « Cela va mieux. Si M. le maire arrivait demain avec l'enfant, qui sait? il y a des choses si étonnantes, on a vu de grandes joies arrêter des maladies. Je sais bien que cette maladie est très sérieuse; mais nous la sauverons peut-être. »

23. LE VOYAGEUR ARRIVE ET REPART

Il est près de huit heures du soir, quand la voiture que nous avons laissée en route, entre sous la porte de l'hôtel à Arras. L'homme que nous avons suivi jusqu'à ce moment descend. Il a mis quatorze heures pour arriver, au lieu de huit heures. Ce n'est pas sa faute. Il est content.

Il sort de l'hôtel et marche dans la ville. Il ne connaît pas Arras, les rues sont noires. Il va droit devant lui. Un homme avance, une lampe à la main. Il décide de lui parler. « Monsieur, dit-il, le tribunal, s'il vous plaît? — Vous n'êtes pas de la ville, monsieur, répond l'homme; eh bien, suivez-moi. Je vais moi-même de ce côté. »

Chemin faisant, l'homme dit : « Monsieur arrive bien tard. D'habitude tout est fini à six heures. » Cependant, comme ils entrent sur la grande place, il montre quatre longues fenêtres éclairées. « Ah! çà, monsieur, vous arrivez à temps, vous avez du bonheur. Voyez-vous ces quatre fenêtres? C'est là que se tiennent les juges. Il y a de la lumière. Donc, ce n'est pas fini. Tenez, monsieur, voici la porte. Montez le grand escalier. »

C'est ce qu'il fait, et, quelques minutes après, il est dans une grande salle où il y a beaucoup de monde, et où, par groupes, des gens, mêlés d'avocats en robe, parlent à voix basse. Cette salle est éclairée d'une seule lampe. Une porte la sépare de la grande chambre où se rend la justice.

Il se mêle à un groupe et il écoute ce qu'on dit. Il y a de nombreuses affaires à juger. Le président veut en finir aujourd'hui avec les deux premières. La première est jugée. Maintenant, passe la deuxième, celle d'un vieux. Il a volé des pommes, croit-on, et ce qui est sûr c'est qu'il a déjà été à la prison de Toulon. Il y a encore à entendre les avocats. Cela ne devrait pas finir avant minuit. L'homme devrait être condamné.

Quelqu'un se tient devant la grande porte. M. Madeleine lui demande :

« Monsieur, la porte va-t-elle bientôt s'ouvrir ?

— Elle ne s'ouvrira pas, lui répond-on.

— Comment !

— La salle est pleine.

— Quoi ! Il n'y a plus une place ?

— Il y a bien encore deux ou trois places derrière M. le président, mais pour des gens importants. »

Cela dit, on lui tourne le dos.

Il se retire, il traverse la salle et redescend l'escalier lentement. Il tient conseil avec lui-même. Il ne sait toujours que faire.... Il s'arrête, ouvre son manteau, en tire un crayon, déchire une feuille, et écrit rapidement: « M. Madeleine, maire de Montreuil-sur-Mer. » Puis il remonte l'escalier à grands pas, marche droit vers la porte de la deuxième salle, remet le papier à l'homme qui la garde et lui dit : « Portez ce papier à M. le président. »

L'homme prend le papier, y jette un coup d'œil et obéit.

24. ENTRÉE DE M. MADELEINE

M. Madeleine est connu de très loin. Comme tout le monde, le président du tribunal d'Arras connaît son nom. Quand on lui remet la feuille de papier où est écrit la ligne qu'on vient de lire, en ajoutant : « Ce monsieur voudrait entrer », il prend une plume, écrit quelques mots au bas du papier, et le rend à l'homme qui l'a apporté en lui disant : « Faites entrer. »

Notre malheureux M. Madeleine est resté près de la porte, à la place même où l'homme l'a quitté. Il entend, à travers sa rêverie, quelqu'un qui lui dit : « Monsieur veut-il bien me suivre ? » C'est la même personne qui lui a tourné le dos le moment d'avant et qui maintenant le salue jusqu'à terre. Sur le papier qui lui est donné, M. Madeleine lit : « Le président sera heureux que M. Madeleine entre. »

Il écrase le papier entre ses mains et suit l'homme. On le laisse dans une petite pièce éclairée par deux lampes. Il a encore dans l'oreille les paroles de l'homme qui vient de le quitter : « Monsieur, vous voici dans la chambre des juges, tournez le bouton de cette porte, et vous vous trouverez derrière M. le président. »

Il ne le peut pas. Il est dans l'endroit même où on va condamner. Il regarde cette chambre où on a jugé tant de gens, où son nom va être dit tout à l'heure, et qu'il traverse en ce moment.

Il n'a pas mangé depuis plus de vingt-quatre heures.

Il est fatigué par la voiture, mais il ne le sent pas. Il pense à Fantine et à Cosette.... Tout en rêvant, il se retourne et ses yeux rencontrent le bouton de la porte. Il a presque oublié cette porte. Son regard s'y arrête, reste attaché à ce bouton, puis la peur le prend. Il ressort.

Il s'arrête et écoute encore. C'est toujours le même silence et la même ombre autour de lui. Il pose la main sur un mur. La pierre est froide. Lui-même a froid. Alors, là, seul, debout, dans l'ombre, dans le froid, il pense.... Il a pensé toute la nuit, il a pensé toute la journée, il n'entend plus en lui qu'une voix qui dit : « Malheureusement! »

Un quart d'heure passe ainsi. Enfin, il penche la tête, laisse pendre ses bras, et revient sur ses pas. Il va lentement. Il semble que quelqu'un l'a blessé et le ramène. Il rentre dans la chambre des juges. La première chose qu'il aperçoit, c'est le bouton de la porte. Ses yeux ne peuvent le quitter. Tout à coup, sans qu'il sache comment, il se trouve près de la porte. Il prend le bouton. La porte s'ouvre. Il est dans la salle.

25. DERRIÈRE LE PRÉSIDENT

Il fait un pas, referme sans y faire attention la porte derrière lui, et reste debout. Il voit une grande salle triste. A un bout de la salle, celui où il se trouve, des juges portant des robes usées ont l'air de penser à autre chose, mangent leurs doigts ou ferment les yeux. A l'autre bout, il y a des gens mal habillés, des avocats qui remuent, des soldats au visage dur, un plafond sale, des tables couvertes d'un drap jauni, des portes noircies par les mains, de mauvaises lampes qui fument.

Personne ne fait attention à lui. Tous les regards sont tendus vers un seul point, un banc de bois contre une petite porte, le long du mur, à gauche du président. Sur ce banc, mal éclairé, un homme est assis entre deux gendarmes. Il croit se voir lui-même, vieilli, non pas sans doute pareil de visage, mais tout pareil de corps, avec quelque chose dans les yeux de dur.

Au bruit de la porte, on se range pour lui faire place. Le président tourne la tête. Il comprend que la personne qui vient d'entrer est M. le maire de Montreuil-sur-Mer. Il le salue. L'avocat du ministère, qui a rencontré M. Madeleine à Montreuil-sur-Mer où il a été plus d'une fois, le reconnaît et salue aussi. Lui s'en aperçoit à peine. Il regarde....

Des juges, un homme qui écrit, des gendarmes, beaucoup de têtes curieuses, il a déjà vu cela une fois, autrefois, il y a vingt-sept ans. Ces choses qui portent le malheur, il les retrouve; elles sont là; ce sont de vrais gendarmes et de vrais juges, de vrais hommes. Il voit reparaître et revivre autour de lui, terrible, son passé. Il ferme les yeux, et s'écrie au plus profond de son âme : « Jamais! »

Une chaise est derrière lui; il s'y laisse tomber. Quand il est assis, un tas de livres et de papiers qui est sur le bureau des juges, cache son visage aux gens qui sont dans la salle. Il voit maintenant sans être vu. Il cherche Javert, mais il ne le voit pas. Le policier est peut-être caché par une table, et puis, nous venons de le dire, la

salle est à peine éclairée. M. Bamatabois est dans la salle,
du côté des juges.

Au moment où il entre, l'affaire a commencé il y a
trois heures et depuis trois heures on voit plier peu à peu
sous un poids terrible un homme, un inconnu, une sorte
d'être misérable. « Nous ne tenons pas seulement un
voleur de fruits, dit l'avocat général, nous tenons là
un ancien prisonnier, un homme dangereux appelé Jean
Valjean. La justice le cherche depuis longtemps. Il y a
huit ans, en sortant de la prison de Toulon, il a volé.
Il vient de recommencer. Condamnez-le pour le fait
nouveau; il sera jugé plus tard pour le fait ancien. »

A ces paroles, l'homme paraît surtout étonné. Il fait
des mouvements qui veulent dire non, ou bien il regarde
le plafond. Il parle avec peine, répond avec difficulté;
mais de la tête aux pieds, toute sa personne dit non. Il
est comme un animal au milieu de ces gens qui l'ont
pris. Le danger avance sur lui, et de plus en plus, de

minute en minute. En plus de la prison, la peine de mort
paraît possible si on montre plus tard qu'il est Jean
Valjean et qu'il a encore volé.

Son avocat parle assez bien. Il commence par expliquer le vol de pommes. Son client, qu'il continue à
appeler Champmathieu, n'a été vu de personne sautant
le mur ou cassant la branche. — On l'a arrêté portant
cette branche; — mais il dit l'avoir trouvée à terre et
ramassée. — Sans doute cette branche a été jetée là.
Sans doute il y a un voleur. — Mais qui pourrait dire
que ce voleur est Champmathieu? — Une seule chose :
qu'il a été autrefois emprisonné. L'avocat reconnaît
que Champmathieu a vécu à Faverolles, qu'il y a travaillé, que quatre personnes le reconnaissent pour être
l'ancien prisonnier Jean Valjean; mais cela veut-il
dire qu'il ait volé des pommes?

L'avocat général répond. Pendant que cet homme
parle, Champmathieu écoute, la bouche ouverte, avec
une sorte d'étonnement. De temps en temps, il remue
lentement la tête de droite à gauche et de gauche à droite
pour dire qu'il n'est pas d'accord. C'est tout.

L'avocat finit en demandant une condamnation très
dure. C'est pour le moment les travaux forcés à vie.

Le défenseur se lève de nouveau, commence par re-
mercier « monsieur l'avocat général des choses qu'il a si
bien dites », puis répond comme il peut, mais il faiblit.

26. REGARDEZ-MOI

Alors le président fait lever Champmathieu et lui pose la question habituelle : « Avez-vous quelque chose à ajouter à votre défense? »

L'homme, debout, roule dans ses mains un vieux chapeau sale et semble ne pas entendre. Le président répète la question. Cette fois l'homme entend. Il paraît comprendre. Il promène ses yeux autour de lui, regarde les gens qui l'entourent, les gendarmes, son avocat, les juges, pose son gros poing sur le bord du meuble placé devant son banc, regarde encore, et tout à coup, le regard sur l'avocat général, il se met à parler. Il semble qu'il veut tout dire à la fois.

« J'ai à dire ça. Que j'ai été voiturier à Paris, même que c'est chez M. Baloup. Ça vous use vite un homme. A quarante ans, on est fini. Moi, j'en ai cinquante-trois. Avec ça j'ai ma fille qui lave à la rivière. Elle gagne un peu d'argent de son côté. A nous deux ça va. Elle a de la peine aussi. Toute la journée jusqu'à mi-corps, à la pluie, à la neige, avec le vent qui coupe la figure. Son mari la bat. Elle meurt. C'était une brave fille. Voilà. Je dis vrai. Vous pouvez demander. Que je suis bête! Qui est-ce qui connaît le père Champmathieu? Pourtant je vous dis que M. Baloup.... Voyez chez M. Baloup. Après, ça, je ne sais pas ce qu'on me veut. »

L'homme se tait, et reste debout. Il a dit ces choses d'une voix haute, rapide, dure. Il regarde autour de lui, et voyant qu'on rit, et ne comprenant pas, il se met à rire lui-même. Cela n'a rien de gai....

Le président, homme attentif et bon, rappelle que
« M. Baloup, son ancien patron d'après Champmathieu, n'a pu être retrouvé! » Puis, se tournant vers
l'homme, il lui demande de s'expliquer clairement.

Champmathieu remue la tête de l'air d'un homme
qui a bien compris et qui sait ce qu'il va répondre.
Il ouvre la bouche, se tourne vers le président et dit :
« D'abord.... » Puis il regarde son chapeau, le plafond,
et se tait.

« Faites attention, reprend l'avocat général. Vous
ne répondez à rien de ce qu'on vous demande.. Il est
certain que vous êtes Jean Valjean, que vous avez volé
des pommes dans un jardin. »

L'homme s'était assis. Il se lève tout d'un coup
quand l'avocat général a fini, et s'écrie : « Vous êtes
très méchant, vous! Voilà ce que je voulais dire. Je n'ai
rien volé. Je venais d'Ailly. J'ai trouvé une branche cassée
par terre. J'ai ramassé la branche. C'est tout. Il y a trois
mois que je suis en prison. On parle contre moi. On me
dit : « Répondez! Répondez donc! » Je ne sais pas
expliquer, moi. Je n'ai pas étudié. Je suis un pauvre
homme. Voilà ce qu'on a tort de ne pas voir. Je n'ai
pas volé. J'ai ramassé par terre des choses qu'il y
avait. Vous dites Jean Valjean! Je ne connais pas cette
personne-là. J'ai travaillé chez M. Baloup, boulevard
de l'Hôpital. J'ai été à Faverolles. C'est vrai. Eh bien,
est-ce qu'on ne peut pas avoir été à Faverolles sans
avoir été en prison? Je vous dis que je n'ai pas volé,
et que je suis le père Champmathieu. Tout le reste,
c'est des bêtises à la fin. Pourquoi êtes-vous tous contre
moi? »

L'avocat général était resté debout; il s'adresse au

président : « Monsieur le président, nous demandons que les condamnés Brevet, Cochepaille et Chenildieu soient appelés de nouveau. En attendant, je vais simplement rappeler ce que M. Javert a dit ici même. « Je connais très bien cet homme. Il ne s'appelle pas Champmathieu. C'est un ancien prisonnier. Il a volé depuis. Il a fait dix-neuf ans de travaux forcés pour vol. Je répète que je le reconnais. » Brevet, Chenildieu et Cochepaille sont appelés de nouveau. « Regardez bien cet homme, et dites-nous si vous le reconnaissez pour votre ancien camarade de prison à Toulon, Jean Valjean. » Brevet le regarde, puis répond : « Oui, monsieur le président. C'est moi qui l'ai reconnu le premier. Cet homme est Jean Valjean. Je le reconnais. Je suis sûr de moi. — Allez vous asseoir », dit le président. On fait entrer Chenildieu. Le président lui adresse à peu près les mêmes paroles qu'à Brevet. Chenildieu se met à rire. « Si je le reconnais ! nous avons été cinq ans attachés à la même chaîne. C'est pas gentil de ne pas me reconnaître, mon vieux. — Allez vous asseoir », dit le président. Cochepaille est amené. « C'est Jean Valjean, et même on l'appelait Jean le cric, tant il était fort », dit-il. Il est sûr maintenant que l'homme est perdu. A ce moment, tout à côté du président, on entend une voix : « Brevet, Chenildieu, Cochepaille, regardez de ce côté-ci. » Tous ceux qui entendent cette voix se sentent glacés, tant elle est triste et prenante. Un homme, assis derrière le président, vient de se lever. Il est debout au milieu de la salle. Le président, l'avocat général, M. Bamatabois, vingt personnes le reconnaissent et s'écrient à la fois : « M. Madeleine ! »

27. CHAMPMATHIEU DE PLUS EN PLUS ÉTONNÉ

C'est bien lui. Une lampe éclaire son visage. Il tient son chapeau à la main. Il n'y a aucun désordre dans ses vêtements. Toutes les têtes sont tournées de son côté, mais la voix a été si pressante, l'homme paraît si tranquille, qu'au premier moment on ne comprend pas qui a pu jeter ce cri.

Le président et l'avocat général n'ont pas le temps de dire un mot. Les gendarmes n'ont pas le temps de faire un mouvement. L'homme que tous appellent encore M. Madeleine, s'est déjà avancé vers Cochepaille, Brevet et Chenildieu. « Vous ne me reconnaissez pas ? » dit-il.

Tous trois restent silencieux et répondent par un signe de tête que non. Cochepaille salue.

M. Madeleine se tourne alors vers le président et dit d'une voix douce : « Monsieur le président, rendez la liberté à Champmathieu et faites-moi arrêter. L'homme que vous cherchez, ce n'est pas lui, c'est moi. Je suis Jean Valjean.... »

Un silence lourd pèse de nouveau. On sent dans la salle cette sorte de peur qui prend les hommes quand quelque chose de grand se fait.

Le président, qui a un visage bon et triste, se penche vers l'avocat général. Il lui dit quelques mots.

Puis il demande d'une voix douce qui est comprise de tous : « Y a-t-il un médecin ici ? »

L'avocat général prend la parole : « Messieurs, vous connaissez tous, au moins de nom, M. Madeleine, maire de Montreuil-sur-Mer. S'il y a un médecin parmi vous, nous lui demandons avec M. le président de bien vouloir emmener M. Madeleine et de le reconduire chez lui. »

M. Madeleine ne laisse pas finir l'avocat général. Voici ses paroles, telles qu'elles sont encore dans l'oreille de ceux qui les ont entendues : « Je vous remercie, monsieur l'avocat général, mais je ne suis pas fou. Vous allez voir. Vous étiez sur le point de vous tromper. Laissez aller cet homme. Je suis Jean Valjean, ce malheureux condamné. Je dis la vérité. Vous pouvez m'arrêter, me voilà.... Je me suis caché sous un faux nom; je suis devenu riche; je suis devenu maire; j'ai voulu rentrer parmi les bonnes gens. Il paraît que cela ne se peut pas.... J'ai volé M. l'évêque, c'est vrai. J'ai volé un enfant encore, c'est vrai. Je n'ai plus rien à ajouter.

Arrêtez-moi. Mon Dieu! Monsieur l'avocat général, vous ne me croyez pas! Voilà qui est triste. N'allez pas condamner cet homme au moins! Quoi! Ceux-ci ne me reconnaissent pas! Je voudrais que Javert soit ici. Il me reconnaîtrait, lui! »

Rien ne peut rendre la sombre tristesse des paroles de M. Madeleine.... Il se tourne vers les trois prisonniers.

« Eh bien, je vous reconnais, moi. Brevet, vous rappelez-vous?... » Il s'arrête un moment et dit :

« Te rappelles-tu ce pantalon brun et jaune que tu avais en 1798? Je n'en ai jamais vu de pareil. »

Brevet le regarde comme s'il avait peur. Lui continue :

« Chenildieu, tu as toute l'épaule droite brûlée profondément. Tu as voulu faire disparaître les trois lettres T. F. P. qu'on y voit toujours cependant. Réponds, est-ce vrai?

— C'est vrai », dit Chenildieu.

Il s'adresse à Cochepaille :

« Cochepaille, tu as écrit sur le bras gauche, en lettres bleues : 1er mars 1815. Relève ta chemise. »

Cochepaille relève sa chemise. Tous se penchent. Un gendarme apporte une lampe. On lit encore « mars 1815 ».

Le malheureux homme regarde les juges avec un sourire, le sourire de la joie et du désespoir à la fois. « Vous voyez bien, dit-il, je suis Jean Valjean. »

Il n'y a plus, dans cette salle, ni juges ni gendarmes. Personne ne se rappelle plus ce qu'il devrait faire; le président oublie qu'il doit présider, le défenseur qu'il est là pour défendre. Chose frappante, aucune question n'est faite. Il est sûr que l'on a sous les yeux Jean Val-jean. Tous ont compris tout de suite cette simple et belle histoire d'un homme qui prend la place d'un autre pour que celui-ci ne soit pas condamné

« Je ne vais pas déranger plus longtemps, reprend Jean Valjean. Je m'en vais si on ne m'arrête pas. J'ai plusieurs choses à faire. Monsieur l'avocat général sait qui je suis; il sait où je vais. Il me fera arrêter quand il voudra. »

Il marche vers la porte. Pas une voix ne se fait entendre, pas un bras ne se tend pour l'empêcher de sortir. Il traverse la salle à pas lents. On n'a jamais su qui a ouvert la porte, mais il est certain qu'elle se trouve ouverte quand il y arrive. Là, il se retourne et dit : « Vous tous, tous ceux qui êtes ici, vous me plaignez, n'est-ce pas? Mon Dieu! Quand je pense à ce que j'ai été sur le point de faire, je trouve que vous pouvez m'envier. »

Il sort, et la porte se referme comme elle a été ouverte, car ceux qui font certaines choses grandes sont toujours sûrs d'être servis par quelqu'un dans le peuple.

Moins d'une heure après, le nommé Champmathieu est libre. Il sort, croyant tous les hommes fous et ne comprenant rien à toute cette histoire.

28. M. MADELEINE REGARDE SES CHEVEUX

Le jour se lève. Fantine a eu une nuit de fièvre, pleine d'ailleurs d'images heureuses. Au matin, elle s'endort. La sœur qui a passé la nuit près de son lit est depuis un moment dans l'infirmerie quand tout à coup elle tourne la tête et pousse un léger cri. M. Madeleine est devant elle. Il vient d'entrer silencieusement. « C'est vous, monsieur le maire! » s'écrie-t-elle.

Il répond à voix basse. « Comment va cette pauvre femme? — Pas mal en ce moment. Mais cela a été bien mal hier! » Elle lui explique ce qui s'est passé et que Fantine maintenant va mieux parce qu'elle croit que M. le maire est allé chercher son enfant à Montfermeil. La sœur n'ose pas poser de question à M. le maire, mais elle voit bien à son air que ce n'est pas de là qu'il vient.

Le plein jour s'est fait dans la chambre. Il éclaire en face le visage de M. Madeleine. La sœur lève les yeux. « Mon Dieu, monsieur! s'écrie-t-elle, que vous est-il donc arrivé? Vos cheveux sont tout blancs! — Blancs! » dit-il. Il dit cela comme s'il pensait à autre chose et comme si le fait n'était pas important. Puis il demande : « Puis-je la voir? — Est-ce que monsieur le maire ne lui fera pas revenir son enfant? dit la sœur, osant à peine poser une question. — Sans doute, mais il faut au moins deux ou trois jours. »

M. Madeleine entre, Fantine n'a ni un mouvement d'étonnement, ni un mouvement de joie; elle est la joie même. Cette simple question « Et Cosette ? » est faite tout naturellement, sans aucun doute. Elle continue : « Je savais que vous étiez là. Je dormais, mais je vous voyais. Il y a longtemps que je vous vois. Je vous ai suivi toute la nuit. Mais, reprend-elle, dites-moi où est Cosette ? Pourquoi ne pas l'avoir mise sur mon lit ? »

M. Madeleine s'est assis sur une chaise à côté du lit. Elle se tourne vers lui ; elle fait effort pour paraître tranquille ; cependant, elle ne peut s'empêcher de poser mille questions. Il lui prend la main. « Cosette est belle, dit-il. Cosette se porte bien, vous la verrez bientôt ; mais tenez-vous tranquille. Vous parlez trop, trop vite, et puis vous sortez vos bras du lit, et cela vous fait tousser.... » Elle se met à compter sur ses doigts. « Un, deux, trois, quatre... elle a sept ans. Bientôt, elle aura l'air d'une petite femme. » Et elle se met à rire.

M. Madeleine écoute ces paroles et ce rire comme on écoute passer le vent, les yeux à terre. Tout à coup, elle s'arrête de parler. Cela lui fait lever la tête : Fantine fait peur à voir. Elle ne parle plus ; elle ne respire plus ; elle s'est soulevée à demi et son épaule maigre sort de sa chemise ; son visage est blanc et elle paraît regarder quelque chose de terrible devant elle, de l'autre côté de la chambre. « Mon Dieu, s'écrie M. Madeleine. Qu'avez-vous, Fantine ? » Elle ne répond pas, elle ne quitte pas des yeux ce qu'elle semble voir. Elle lui touche le bras d'une main et de l'autre lui fait signe de regarder derrière lui.

Alors elle voit une chose terrible qu'elle n'a jamais rêvée dans ses plus fortes fièvres : Javert — car c'est lui — prend M. le maire par la veste près du cou et M. le maire baisse la tête. Il lui semble que le ciel va tomber.

Elle crie : « Monsieur le maire! » Javert rit, de ce rire qui lui montre les dents : « Il n'y a plus de M. le maire ici! »

Jean Valjean n'essaie pas de déranger la main qui tient sa veste. Il dit : « Javert... » Javert le coupe : « Appelle-moi monsieur. — Monsieur, reprend Jean Valjean, je voudrais vous parler seul à seul. — Tout haut! Parle tout haut! répond Javert. On me parle tout haut à moi! »

Jean Valjean continue en baissant la voix : « C'est une prière que j'ai à vous faire. — Je te dis de parler tout haut. — Mais cela doit être entendu de vous seul. — Qu'est-ce que cela me fait? Je n'écoute pas! »

Jean Valjean lui dit rapidement et très bas : « Donnez-moi trois jours! trois jours pour aller chercher l'enfant de cette malheureuse femme! Je paierai ce qu'il faudra. Venez avec moi si vous voulez.

— Tu veux rire! répond Javert. Ah! çà, je ne te croyais pas si bête. Tu me demandes trois jours pour t'en aller et tu dis que c'est pour aller chercher l'enfant de cette femme! Ah! Ah! c'est bon! voilà qui est bon!

— Mon enfant! crie Fantine; aller chercher mon enfant! Elle n'est donc pas ici! Ma sœur, répondez-moi. Où est ma Cosette? Je veux mon enfant! Monsieur Madeleine! Monsieur le maire! »

Javert frappe du pied : « Voilà l'autre, maintenant! Te tairas-tu? Je te dis qu'il n'y a pas de M. Madeleine et qu'il n'y a pas de M. le maire. Il y a un voleur, il y a un nommé Jean Valjean! C'est lui que je tiens! Voilà ce qu'il y a! »

Fantine se soulève sur ses bras et ses deux mains; elle regarde Jean Valjean, elle regarde la religieuse, elle ouvre la bouche comme pour parler, un cri sourd

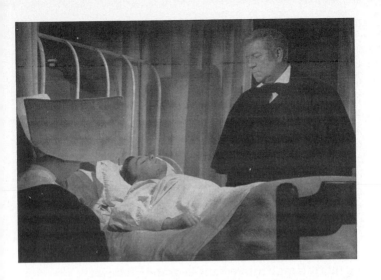

sort du fond de sa poitrine, elle tend les bras, ouvre et ferme les mains et cherchant autour d'elle, elle tombe sur l'oreiller. Sa tête frappe le fer du lit et vient retomber sur sa poitrine, la bouche ouverte, les yeux ouverts. Elle est morte.

Jean Valjean pose sa main sur la main de Javert qui le tient, et l'ouvre comme il ouvrirait la main d'un enfant, puis il dit à Javert : « Vous avez tué cette femme. — Finirons-nous ! crie Javert. Je ne suis pas ici pour t'écouter. Les gendarmes sont en bas. Marche tout de suite, où je t'attache les mains ! »

Dans un coin de la chambre il y a un vieux lit en fer tout cassé qui sert aux sœurs, la nuit, quand elles gardent les malades. Jean Valjean va à ce lit, enlève l'un des pieds, chose facile à un homme de sa force, et regarde Javert. Javert recule vers la porte.

Jean Valjean, son morceau de fer à la main, marche lentement vers le lit de Fantine. Quand il y arrive, il se retourne et dit à Javert d'une voix qu'on entend à peine : « Je ne vous conseille pas de me déranger en ce moment. » Puis il pose ses mains sur le lit et regarde Fantine. Il reste ainsi, muet, et ne pense plus à aucune chose de cette vie. Après quelques moments de cette rêverie, il se penche vers Fantine et lui parle à voix basse. Que lui dit-il? Que peut dire cet homme rejeté de tous à cette femme qui est morte? Il prend dans ses mains la tête de Fantine et la pose sur l'oreiller comme une mère ferait pour son enfant. Il lui rattache sa chemise et arrange ses cheveux. Cela fait, il lui ferme les yeux. Le visage de Fantine semble curieusement éclairé. La mort, c'est l'entrée dans la grande lumière.

La main de la morte pend hors du lit. Jean Valjean se met à genoux devant cette main, et y porte ses lèvres Puis il se relève, et, se tournant vers Javert :

« Maintenant, dit-il, je suis à vous. »

Lisez la suite de cette belle histoire dans Cosette *(Textes en français facile).*

QUI CHERCHE TROUVE

A et à : attention à l'accent!
— **a** (sans accent) = verbe *avoir*.
Javert a un gros nez plat.
Il a à se plaindre = *il a des raisons de se plaindre.*
— **à** (avec accent) = *préposition*.
une porte qui ferme à clef = *avec une clef.*
Jean Valjean tient un bâton à la main = *dans la main.*
Gallicisme : *à demi, à moitié, à temps, peu à peu, tour à tour, à travers.*
d'Ailleurs : *en vérité, en fait.*
Air (avoir l'air) : *J. V. est un homme d'un air misérable* = *qui paraît très pauvre.*
Aller : se porter : *Cosette va bien; elle se porte bien.*
Partir : *Va-t'en* = *Pars.*
+ infinitif = *futur proche :*

M. Myriel va répondre = *il répondra bientôt.*
Aperçoit, aperçu : prés. et p. pas. *apercevoir.*
Apparaître : *se montrer.*
Argenterie : *objets en argent.*
s'Asseoir : prés. *je m'assieds, il s'assied, vous vous asseyez, ou je m'assois,* etc.
Attendu : p. pas. *attendre.*
Attrister : v. *rendre triste.*
Avocat : *homme qui en défend un autre devant des juges.*

Bien : 1. nom masculin ce qu'on a : *les biens de l'évêque ou le bien et le mal.* 2. Gallicisme : *Eh bien!*
Bienvenu : *bien reçu.*
Braves gens : *des gens qui sont bons.*
Briller : *jeter ou renvoyer de la lumière.*

C'EST; C'EST... QUI; C'EST... QUE

— *M. Myriel a 75 ans* = **c'est** *un homme de 75 ans.*
— *Mme Magloire est une petite femme. Elle respire mal* = **c'est** *une petite femme* **qui** *respire mal.*
— *Ces choses les ont faites* = **Ce sont** *ces choses* **qui** *les ont faites. Mme Magloire fait une dernière chose :* **c'est** *la dernière chose* **qu'**elle fait.

Cependant : *mais, en vérité, il est vrai, il faut remarquer.*
Chandelier : *objet pour tenir des chandelles.*
Comme : conjonction : *ainsi que.*
exclamation : *comme mes mains sont chaudes!*

Condamner : *envoyer en prison, donner une punition.*
Connu : p. pas. *connaître.*
Courrier : n. m. *celui qui apporte les lettres, les journaux.*
Couvert : p. pas. *couvrir.*
Cru : p. pas. *croire.*

DE

Emplois principaux : *l'évêque* **de** *Digne* — **De** *grosses sommes passent par ses mains.*
Avec : *parler* **d'***une voix forte.*
Depuis : *aller* **de** *Paris à Montfermeil* — *de 8 à 1 an.*
En : *un banc* **de** *pierre* — *un pantalon* **de** *couleur bleue* (qui a une...).
Entre, parmi : **De** *tous les biens de l'évêque, il reste...*
Gallicismes : *Il arrive de lui-même* — *près de* — *le long de* — *partir de... sortir de* — *peur de* — *tirer de.*

Devant : p. prés. *devoir.*
Devenir : se conjugue comme *venir.*
Devrai, as, a : fut. *devoir,*
  + infinitif = probabilité : *l'homme a dû marcher tout le jour.*

Dis, t, disons, dites, disent : prés. *dire.*
Dois, t : prés. *devoir.*
Dû, ue, us : p. pas. *devoir.*
s'Écrier : *dire rapidement et fort.*

EN

D<small>ANS</small> : *M. Myriel se promène* **en** *ville.*
P<small>ENDANT</small> : *j'ai gagné 109 francs* **en** *19 ans.*
P<small>RONOM</small> : *je gagnerai de l'argent et quand j'***en** *aurai assez* = quand j'aurai assez d'argent.
E<small>N</small> + PARTICIPE PRÉSENT : *On entre chez l'évêque* **en** *poussant la porte.*
G<small>ALLICISMES</small> : *s'en aller* — *de temps en temps* — *de plus en plus* — *en ordre* — *en sang* — *en train de.*

Empierrer : *mettre des pierres.*
Emprisonner : *mettre en prison.*
Enrichi : *devenu riche.*
Entendu : p. pas. *entendre.*
Enverrai : fut. *envoyer.*
Etonnement : n. m. *d'étonner.*
Être = *une personne.*

Fait : n. m. v. *Faire* = *acte, événement.*
Fallait : imp. *falloir.*
Fallu : p. pas. *falloir.*
Faudrait : cond. *falloir.*
Faut : prés. *falloir.*
Fuir : *se sauver.*

Inconnu : contraire de *connu.*
Irai, as, a : fut. *aller.*

Joie : *grand plaisir.*
Jour : *le jour du mois,* mais aussi « *la lumière* » : *il fait grand jour.*

Laisser, a quelquefois le sens de *permettre :* Elle la laisse partir : elle lui permet de partir.

Même = *semblable, pareil,* et aussi : *exactement, vraiment, cependant* Mme Magloire n'a pas **même** la force de crier.
Meure, meurs : sub. et prés. *mourir* (que je meure; je meurs, nous mourons, ils meurent).
Mis : p. pas. de *mettre.*
Misérable : adjectif ou nom masculin, *celui qui est très pauvre.*
Mordu : p. pas. *mordre.*

NE

- **ne** + **verbe** + **aucun** : *Il n'en connaît **aucun**. Aucun des hommes.*
- **ne** + **verbe** + **jamais** : *Mlle Baptistine **n'a jamais** été jolie. Jamais elle n'a été jolie.*
- **ne** + **verbe** + **personne** : *Jean Valjean **ne** connaît **personne**. Personne ne le connaît.*
- **ne** + **verbe** + **plus** : *Quand l'évêque **n'a plus** d'argent (il en a eu).*
- **ne** + **verbe** + **que** : *Il **n'est qu'**un passant (Il est seulement un passant).*
- **ne** + **verbe** + **rien** : *M. Myriel **ne** change **rien** à sa façon de vivre (pas une seule chose).*

Né : p. pas. de *naître*.

Ouvert : p. pas. de *ouvrir*.

Par : *Cet argent passe **par** les mains de M. Myriel — J. V. entre **par** le sud. **par** jour* = tous les jours.

Paraître : *avoir l'air, sembler; mais aussi « se montrer, arriver » : ex. : Il paraît (M. Myriel) et on l'aime.*

Passer : *traverser : il passe dans la ville — ce qui se fait, arrive : Mme Thénardier ne voit pas ce qui se passe dans la rue.*

Peine : 1. « *à peine* » = pas tout à fait, pas encore. *M. Thénardier a à peine 30 ans.*

2. « *faire peine* » ou « *de la peine* » : *Cette jeune femme pleurait, cela m'a fait de la peine.*

3. « *il respire avec peine* » (difficilement).

Perdu : p. pas. *perdre*.

Permis : p. pas. *permettre*.

Peux, peut, peuvent : prés. *pouvoir*.

Plu : p. pas. *plaire*.

Pourtant : cependant, mais.

Pourr-ais, ait, ions, etc. : cond. *pouvoir*.

s'en Prend à : dérange, veut du mal

Pris : p. pas. *prendre*.

Pu : p. pas. *pouvoir*.

Puisse, s, e : sub. *pouvoir*.

QUE

Interrogatif : ***Qu'**est-ce que? Est-ce **que**?*

Relatif : *Un homme aime sa femme. Elle meurt : Un homme a perdu la femme **qu'**il aime.*
*M. Myriel prend aux riches ce **qu'**ils peuvent donner. Ceux **que** les hommes devraient défendre. A la place de « quoi » : Il ne sait **que** faire.*

Exclamatif : ***Que** je suis bête!*

Souhait : ***Que** Dieu vous excuse! (Puisse Dieu vous excuser!)*

Conjonction après certains verbes : *M. Myriel disait **qu'**il aimait son argenterie.*

Comparatif : *moins... **que**, aussi... **que**, même... **que**, plus... **que**, mieux **que**, plutôt **que**.*

Noter : *tant... **que**, tel **que**, sans **que**, pendant **que**, depuis **que**, chaque fois **que**, parce **que**.*

Voir enfin : **c'est... que** et **ne... que**.

Recevrai, : fut. *recevoir.*
Reçu, e, s : p. pas. *recevoir.*
Refuser : *ne pas vouloir.*
Remis : p. pas. *remettre.*
se Rendre : *aller.*
Rendormir, reparaître, repartir : *dormir, paraître, partir de nouveau.*
Respect : n. m. *sentiment pour un homme qui se conduit bien.*
Retenir (voir tenir) : *empêcher de partir.*
se Retirer : *s'en aller.*

Sabot : *partie dure du pied d'un cheval, d'une vache.*

Sache, sachiez : sub. *savoir.*
Sais, s, t : prés. *savoir.*
Saurai, as, a : fut. *savoir.*
Serrure : *on ferme une porte à l'aide d'une serrure (et d'une clef).*
Si : *tellement : sa voix est si forte.*
conditionnel : Fermez vos chambres si cela vous plaît.
Sou : *il y a 20 sous dans un franc.*
Souffrir : *avoir mal.*
Soulever : *lever un objet.*
Sourd : adj. *une voix sourde, qu'on entend mal.*
Su, e, s : p.pas. *savoir.*

TOUT, TOUTE, TOUS, TOUTES

ADJECTIF : *dans **tout** le pays, dans **toute** la région, dans **toutes** les mairies. L'argenterie est **tous** les jours sur la table.*
PRONOM : *M. Myriel prend aux riches **tout** ce qu'il peut — **Tout** est donné avant d'être reçu.*
ADVERBE : *en même temps : **tout** en parlant, **tout** en tirant, du lait **tout** (tout à fait) chaud, **toute** petite, **tout** autre.*
Tout de suite = *sans attendre* — Tout à coup = *soudain.* **Tout à coup** *Jean Valjean se met en face de l'évêque.*

Tenir : Avoir dans la main : *Il tient un bâton à la main = il a un bâton.*
S'occuper de : *Les Thénardier tiennent un hôtel = s'occupent d'un hôtel.*
Exclamatif : *Tiens. Tenez.*
Tiendrai, as, a : fut. *tenir.*
Tiens, s, t : prés. *tenir.*
Trouver : *On trouve un objet perdu.*
On est à un endroit = *Les rares personnes qui se **trouvent** à leur fenêtre* — *Il arrive que : **Il se trouve** que quelqu'un est J. V.*

Vais, vas, va : prés. *aller.*
Vaux, vaut, valez : prés. *valoir*
Vécu : p. pas. *vivre.*
Verrai, as, a : fut. *voir.*
Veux, t : prés. *vouloir.*
Viendrai, as, a : fut. *venir.*
Viens, t : prés. *venir.*
Voudrai, as, a : fut. *vouloir.*
Voulu, e, s : p. pas. *vouloir.*
Voyons, voyez : prés. *voir.*
Vu, e, s : p. pas. *voir.*

APPRENDRE A MIEUX LIRE

Les *Textes en français facile* ont été écrits pour être lus sans difficulté, mieux encore, avec plaisir.

Cela dit, une lecture agréable ne suffit pas; il faut aussi chercher à lire utilement, à mieux connaître le français, à se perfectionner en français. Les pages qui suivent vous aideront à mieux lire. Les questions, les exercices, les sujets qui sont présentés sont des exemples. Vous pourrez en inventer d'autres.

A. COMPOSITION :

Fantine est le premier des trois volumes du plus célèbre roman de Victor Hugo : « Les Misérables ».

En lisant ce livre vous n'aurez aucune peine à trouver trois parties. La première va du chapitre 1 au chapitre 8 : elle pourrait s'appeler : « Jean Valjean et Monseigneur Myriel »; la seconde, du chapitre 9 au chapitre 16, s'appellerait « Jean Valjean et Fantine »; la troisième, du chapitre 17 à la fin, serait « Jean Valjean et Champmathieu ».

B. ÉTUDE DE LA PREMIÈRE PARTIE :

« Jean Valjean et Monseigneur Myriel » (chap. 1 à 8).

1. **Les mots :** Avez-vous bien compris tous les mots ?.

   - Le contraire de *pauvre* est *riche;* le contraire d'*espoir* est *désespoir.*

     Dites-nous quel est le contraire de :

     espérer; neuf; parler; amour; douce; avancer; une voix forte; je suis libre; j'ai raison.

   Attention! Ne pas répondre : *parler / ne pas parler!* (La solution se trouve dans les 8 premiers chapitres.)

   - A quelle heure est *la tombée de la nuit* en hiver ? En été ?

2. **Une belle histoire :**

   - Avez-vous regardé la carte de France, p. 4 ? Cherchez où se trouvent Digne, Faverolles et Toulon.

   - Aimez-vous dessiner ? Voici quelques sujets :
     - La salle à manger de Mgr Myriel.
     - Le costume de Jean Valjean.

- Dites ce que vous voyez sur l'illustration.
  - p. 11. Le souper chez Mgr Myriel.
  - p. 14. Jean Valjean prisonnier à Toulon.

- Pourquoi Mgr Myriel va-t-il chez les riches ? Chez les pauvres (1) ? Que fait Mlle Baptistine quand l'homme rentre ? Pourquoi ? Pourquoi l'homme dit-il que le chien était comme les hommes (4) ? Combien peut-on rester de jours sans manger (7) ? Pourquoi les gendarmes ont-ils ramené Jean Valjean chez Mgr Myriel (8) ?

- *C'est donc l'argenterie qui vous occupe ?* p. 16. Pouvez-vous exprimer cette interrogation de trois autres façons ?

- Racontez ce que fait Mgr Myriel pendant une journée.

3. **Pour discuter avec vos amis :**

Auriez-vous fait comme Mgr Myriel, le premier jour ? Le second jour après le vol de l'argenterie ?

C. ÉTUDE DE LA DEUXIÈME PARTIE :

« Jean Valjean et Fantine » (chap. 9 à 16).

1. **Les mots :** Faites une phrase où vous emploierez les mots : *gens, marché, touchant.*

   - Expliquez : *ses joues ont l'air de pommes,* p. 19.

2. **Une belle histoire :**
   - Cherchez Montfermeil et Montreuil sur la carte, p. 4.
   - Dites ce que vous voyez sur l'illustration
     - p. 19. La famille Thénardier.
     - p. 27. Jean Valjean sauve Fauchelevent.
     - p. 33. Fantine dans le bureau de police.
   - Eponine et Azelma sont des prénoms peu employés. Quels sont les prénoms les plus employés en France pour les filles ? A quoi sert un maire en France ? M. Madeleine est très courageux (chapitre 13). Pour quelles raisons ? Quelle est la raison la plus importante ?

- Vous êtes un gendarme; vous avez vu tout ce qui est raconté au chapitre 15; vous le racontez à un ami...

3. **Pour discuter avec vos amis :**

La justice des hommes au début du XIXe siècle n'était-elle pas injuste? Est-ce mieux aujourd'hui?

D. ÉTUDE DE LA TROISIÈME PARTIE :

« Jean Valjean et le père Champmathieu » (chap. 17 à la fin).

1. **Les mots :**

- Lisez le chapitre 19 et expliquez le titre *Orage dans une tête.*

- *Ses affaires, une affaire, une ville d'affaires.* Expliquez les trois sens de ce mot ou employez-les dans des phrases.

- Expliquez : *curieux (une curieuse façon), condamner, au besoin, enrichir, rendre un service, une route empierrée, un regard tendu, une voix pressante.*

2. **Une belle histoire :**

- Cherchez Arras sur la carte, p. 4.

- Dites ce que vous voyez sur l'illustration
  - p. 47. Orage dans une tête.
  - p. 65. Au tribunal d'Arras.

- Jean Valjean a des raisons de ne pas aller à Arras et il a des raisons d'y aller. Sur un cahier, vous classez les premières à gauche; les secondes à droite.

- Pour quelles raisons Javert croit-il que M. Madeleine est Jean Valjean? Pourquoi le maire fait-il semblant de ne pas comprendre le nom de Jean Valjean?

- Comment fonctionne un tribunal? Expliquez ce que font *le président, le procureur, les juges, l'avocat.*

3. **Pour discuter avec vos amis :**

Si vous aviez été dans la situation de Jean Valjean, auriez vous agi comme lui?

TABLE DES MATIÈRES

Imprimé en France — IMPRIMERIE HÉRISSEY, Évreux (Eure) - N° 55139
Dépôt légal : 3564-06-1991 — Collection N° 01 — Édition N° 02

15/4832/0